Heike Lebherz

Just fun
Reitkurs für
Erwachsene

Just fun

Reitkurs für Erwachsene

Schon der Anfang ist leicht!

Heike Lebherz

blv

Inhalt

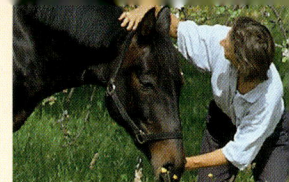

Einstimmung

In
Büchern,
gut verwahrt,
sind so viele Kostbarkeiten.

Wohl dem,
der einen Blick
auch für die Worte
zwischen den Zeilen hat!

Vorwort

Lieber Leser,

mit diesem Buch, in dem Wissen, Erfahrung sowie Gedanken und Gefühle eines über 30-jährigen Umgangs mit Pferden und vieler Jahre Zusammenarbeit mit Reitanfängern stecken, möchte ich Sie für ein Hobby begeistern, das seinesgleichen sucht. Ich bin ganz sicher, dass Sie – erstmals konfrontiert mit einem der herrlichsten Geschöpfe der Natur – für immer am Reiten festhalten werden!

Natürlich kann man sich glücklich schätzen, wenn man schon als Knirps – und somit ausgestattet mit allen kindlichen Reflexen – aufs Pferd kommt. Vieles, was einem in Kindertagen mühelos in den Schoß fällt, muss man sich als Erwachsener erst wieder hart erarbeiten. Aber diese Mühe lohnt sich, denn Reiten kann man bis ins hohe Alter.

Ich möchte Ihnen eine Vorstellung davon geben, was Sie lernen sollen, was Sie bedenken müssen und wie Sie sinnvoll vorgehen können, um Ihr gestecktes Ziel zu erreichen. Betrachten Sie es als eine Art Vorschule für Ihr gesamtes weiteres Reiterleben. Es spielt keine Rolle, ob Sie später einmal wöchentlich auf einem Schulpferd Ihr Hobby ausüben oder ob Sie sich in Form einer Reitbeteiligung intensiver und öfter mit dem Pferd auseinandersetzen. Vielleicht erwischt Sie der Pferde-Bazillus sogar mit Haut und Haaren, sodass Sie diesen wunderbaren Tieren vollständig verfallen. Eine gute, solide und breit gefächerte Basisarbeit muss aber immer sein –

zu Ihrem eigenen Wohl und natürlich zu dem des Pferdes. Nur auf einer solchen Grundlage baut man dauerhafte Freude auf – am und auch für das Pferd. Selbst wenn Sie vor allem aus sportlichem Interesse mit dem Reiten anfangen möchten, sollten Sie dieses Basiswissen nicht gering schätzen, denn durch das mit dieser Lektüre erlangte »Feeling« sind Sie ganz vielen Ihrer Mitreiter ein gutes Stück voraus.

Dieses Buch soll bewirken, dass weniger Reitanfänger, meist völlig deprimiert von den ersten so genannten Reitstunden, entmutigt die Flinte ins Korn werfen, bevor ihr Abenteuer zu Pferd überhaupt richtig beginnen konnte. Vielleicht kann es sogar ein bisschen dazu beitragen, dass man in einigen Reitschulen anfängt, die bisherige Unterrichtsform für erwachsene Reitanfänger kritisch zu überdenken.

Sie werden auf den folgenden Seiten auch vieles zum Wesen des Pferdes erfahren, denn eines dürfen Sie nicht vergessen: Reiten ist ein Teamsport für Mensch und Pferd! Und als Reiter tragen Sie die Verantwortung für Ihren tierischen Partner. Vor allem deshalb möchte ich Sie auch dazu anregen, eigene Gedanken zu entwickeln, denn nur ein mitdenkender Partner ist ein guter Partner.

Ganz besonders aber möchte ich Ihnen und Ihrem Pferd ein Strahlen ins Gesicht zaubern, das ich so oft vermisse, wenn ich irgendwo beim Reiten zuschaue.

In diesem Sinne wünsche ich Ihnen viel Vergnügen beim Lesen und beim Start in Ihr neues Reit-Erleben!

Der Wunsch reiten zu lernen

und was zu bedenken ist

Die Menschen zieht es vermehrt hinaus in die Natur –
diese Tendenz ist unverkennbar. Zu dieser Entwicklung
passt es, dass auch das Interesse am Pferd und am
Reitsport kontinuierlich steigt. Mittlerweile stehen nicht
mehr nur Kinder mit leuchtenden Augen am Koppelzaun,
sondern auch sehr viele Erwachsene. Oft haben sie schon
in der Kindheit mit diesem Hobby geliebäugelt.
Warum auch immer es damals nicht geklappt hat – jetzt
gibt es keine Hindernisse mehr.

...was zu aller Anfang zu bedenken ist

Du musst es wagen,
vertraute Wege zu verlassen,
damit sich Dir
neue Horizonte eröffnen.

Mit dem Reiten haben Sie sich ein Hobby ausgewählt, das seinesgleichen sucht: Ihr Partner ist nicht ein netter Bekannter, mit dem Sie immer wieder mal ein Stündchen Tennis spielen, sondern ein in vielerlei Hinsicht andersartiges Wesen – das Pferd.

....

1 Herrlich! Ausritte durch blühende Rapsfelder.
2 Was für ein Erlebnis!

....

Leider können Pferde sich ihren Partner nicht aussuchen. Sie sind sozusagen auf hoher See und in Gottes Hand, wenn der Mensch beschließt, sich auf ihren Rücken zu schwingen. Vergessen Sie bitte nie, dass Pferde in einem extremen Abhängigkeitsverhältnis zum Menschen leben: Sie sind unserer

Tipp

+ Leider werden die erwachsenen Reitanfänger in vielen Reitschulen immer noch ein bisschen wie unter »ferner liefen« behandelt. Diese Einstellung sollte sich ändern, denn Reiten ist ein Sport, den man bis ins hohe Alter ausüben kann.

Obhut unterstellt und uns in gewisser Weise bedingungslos ausgeliefert. Wenn Sie sich dieser Tatsache bewusst sind und Ihre daraus entstehende Machtposition ausschließlich zum Schutz und zum Wohl des Pferdes einsetzen, werden Sie in ihm einen Freund auf ewig finden.

Wahrscheinlich erscheinen ganz bestimmte Bilder vor Ihrem geistigen Auge, wenn Sie Ihren Wunsch heraufbeschwören: idyllische Ausritte in freier Natur; harmonische, fast spielerisch wirkende Dressurlektionen auf einem kraftvoll-sanften Pferd; über Gräben oder Hindernisse zu springen; beschauliche Stunden mit einem Partner genießen, der zufrieden an Heuhalmen rupft. All Ihre Träume sind realisierbar, wenn Sie sich darauf einlassen, nicht alles auf einmal zu wollen. Beantworten Sie sich also selbst ehrlich folgende Fragen: Erwarte ich innerhalb kürzester Zeit mit minimalem Einsatz den größtmöglichen Nutzen? Oder bin ich bereit, ehrlich und fair mein eigenes Handeln und Können einzuschätzen und mir eine ordentliche Portion Selbstdisziplin anzueignen? Tendieren Sie bei der ersten Frage zu ja, dann brauchen Sie gar nicht

erst mit dem Reiten anzufangen. Wenn Sie sich ehrgeizige Ziele beim Reiten stecken, müssen Sie auch bereit sein, dafür einige Zeit und Geduld zu investieren. Vieles in diesem Ausbildungsprozess wird Ihnen nicht auf Anhieb perfekt gelingen. Das macht allerdings nichts, denn Sie sind auf dem richtigen Weg, wenn Sie anfangen sich selbst Gedanken zu machen.

Wie es meistens so ist

Einige von Ihnen werden die im nachfolgenden Text geschilderten Situationen wiedererkennen. Wahrscheinlich haben Sie genau deswegen Ihren Wunschtraum begraben, bevor Sie überhaupt richtig anfangen konnten, ihn zu verwirklichen. Das ist sehr schade und Ihr Einstieg hätte auch anders verlaufen können.

Aber noch ist es nicht zu spät. Beginnen Sie einfach von neuem, und zwar auf die hier dargestellte Art und Weise. Vielleicht merken Sie bei der Lektüre dieses Buches auch plötzlich, dass Sie eigentlich genau wie im Buch beschrieben anfan-gen wollten, dass das aber in Ihrer jetzigen Reitschule unmöglich ist. Dann orientieren Sie sich ruhig um. Suchen Sie einen Reitbetrieb, der Ihnen diese Form der Basisarbeit bieten kann und holen Sie nach, was bisher in Ihrer Ausbildung zum Reiter versäumt wurde.

Leider gibt es immer noch viele Schema-F-Reitschulen, die offenbar nicht bemerkt haben, dass sich der Umgang mit dem Pferd und auch der mit dem Reitschüler grundlegend verändert hat. Späteinsteiger werden in solchen Ställen nicht wirklich ernst genommen. Meist erschöpft sich die Grundlagenausbildung in einigen Longenstunden, die recht langweilig und öde durchgezogen werden. Sobald sich der Schüler halbwegs auf dem Pferd halten kann, wird er aus Zeit- und/

Soll ich doch lieber den Drahtesel satteln???

oder Organisationsgründen in irgendeine Abteilung gesteckt. Wenn Sie Glück haben, hat Ihnen irgendein freundliches »Pferdemädchen« wenigstens mal kurz gezeigt, wie man ein Pferd putzt oder sattelt. Zu viele Fragen hört man in dieser Art der Reitschulen sowieso nicht gern. Wer dennoch zwischendurch eine stellt, bekommt als Antwort höchstwahrscheinlich ein: »Das ist eben so!« Stimmt's?

Da insgesamt der Ton die Musik macht, werden Ihre Ohren durch den herrschenden etwas unterkühlten, manchmal auch unhöflichen Umgangston nicht von harmonischen Klängen verwöhnt sein. Das Gefühl, mit dieser ganz neuen Welt des Reitens total überfordert zu sein, nimmt Ihnen in so einer Umgebung niemand; ihre Ängste vor dem ungewohnten Kontakt mit dem Pferd und vor drohenden Stürzen sowie Ihre Unsicherheit aufgrund Ihres Nicht-Wissens auch nicht. Wenn Sie der Reitlehrer mal wieder richtig niedergemacht hat, haben Sie sich wahrscheinlich am Rande der Verzweiflung ge-

Anekdote
Angi Meiers erste Gruppenreitstunde

Angelika Meier, von ihren Freunden Angi, sprich Ändschi genannt, ist 38 Jahre jung und liebt Pferde. Vor ein paar Wochen hat sie beschlossen, ihren großen Kindheitstraum wahr zu machen und nun endlich reiten zu lernen.

Gesagt, getan! Die ersten vier Longestunden will ich hier nicht näher beschreiben, es lohnt sich nicht. Dann aber kriegt Heidemarie, Bereiterlehrling und zuständig für a l l e Longestunden – nein, keinen Drehwurm, sondern – eine Grippe. Jetzt wird's spannend! Herr Kunz, der Reitlehrer, schmucker Endfünziger mit kleinem Oberlippenbärtchen à la Clark Gable, setzt das seinem Berufsstand ganz eigene Lächeln auf, als Angi ins Reiterstübchen tritt. »Ja, Frau Meier, endlich ein Lichtblick an diesem trüben Tag. (Hätte er nicht schon heut' Mittag ein paar Bierchen genossen, wäre auch sein Blick für den Tag noch klar!) Heute werden Sie Ihre erste Gruppenreitstunde absolvieren. Keine Angst, Sie als Naturtalent können da locker mithalten.«

Mit leuchtenden Augen und zitternden Knien steht Angi Meier vor Wotans Box. »Oh, bist Du ein nettes Pferd«, haucht sie ehrfürchtig. Wotan ist nicht wirklich beeindruckt. Mit zurückgelegten Ohren dreht er ihr erst mal sein gewaltiges Hinterteil zu und macht keine Anstalten, an diesem Meinungsaustausch teilzunehmen. Nun, erhoben in den Stand der so genannten Abteilungsreiter, ist Angi mit sich und Wotan sowie Sattel und Trense allein auf weiter Flur.

Aus der Ferne brüllt eine Stimme: »Beeilt Euch, in 10 Minuten fängt die Stunde an!«

In den Nachbarboxen bricht die totale Hektik aus.

»Na gut, wir zwei schaffen das schon, nicht wahr Wotan?«, sagt Angi mit bereits brüchiger Stimme – und öffnet die Boxentür. Mit Müh' und Not – und einigen blauen Flecken – schafft Angi es tatsächlich, diesen Riesen auf vier Beinen zu satteln und zu trensen. (Ich möchte an dieser Stelle nicht genauer darauf eingehen, welche der entsprechenden Riemen völlig verkehrt, welche gar nicht und welche irgendwie zugezurrt wurden!).

Wotan hinter sich herschleifend, begibt sie sich in die Reithalle. Dort herrscht schon reges Treiben und Herr Kunz lächelt ihr aufmunternd zu. Irgendwie oben auf dem Pferd angekommen nimmt das Schicksal seinen Lauf. Der charmante Reitlehrer macht eine Wandlung von Dr. Jekyll zu Mr. Hyde durch und wird zur brüllenden Bestie.

Mehrfach hört Angi den Satz: »Ja, jetzt nehmen Sie sich doch mal zusammen, Sie hocken wie ein Mehlsack auf dem Gaul! Kreuz geraaaaaade und Hacken tiiiiief!!!«

Wotan, der jetzt endgültig die Nase voll hat (vom Gebrüll, von Mehlsäcken und überhaupt), beschließt, diesem Theater ein Ende zu machen und galoppiert mal kurz an. Hoppla!!! Angelika Meier verabschiedet sich (mit einem dreifach geschraubten Rittberger, der in der Eislauf-Szene wirklich seinesgleichen suchen würde) von Wotans Rücken, einem ihrer lackierten Fingernägel und zuguterletzt (mit einem Wotan sehr ähnlichen Gesichtsausdruck) auch von der Reitschule.

– Schade –

fragt: Was mache ich hier eigentlich? Muss ich mir das wirklich antun? Denken Sie mal genau nach: Sicher haben Sie vor jeder neuen Reitstunde so ein unangenehmes, flaues Gefühl im Magen gespürt. Oder Sie haben dankbar den späten Geschäftstermin wahrgenommen, um die anstehende Stunde absagen zu können. Irgendwann sind Sie dann gar nicht mehr hingegangen. Und nun stehen Sie wieder am Koppelzaun oder auf der Zuschauertribüne und blicken sehnsüchtig auf diese wundervollen Pferde, die Sie doch so gern reiten wollten. Schreiten Sie zur Tat! Suchen Sie sich eine Reitschule, die Ihnen genau diesen Wunsch wirklich erfüllen kann – reiten zu lernen. Es gibt Methoden, die Ihnen mit Lust statt Frust das Reiten und den Umgang mit Pferden beibringen können. In diesem Fall lohnt sich auch ein weiterer Anfahrtsweg. Denn schließlich ist es Ihr Hobby, und das soll vor allem eines: unheimlich viel Spaß machen!

Reiten tut der
Psyche gut

Zur Zeit ist das Wort Dominanz in aller Munde. Leider wird dieser Begriff oft etwas missverstanden oder falsch verwendet.

Der Umgang mit dem Pferd bringt so viel mehr Freude ins Leben!

Lassen Sie uns stattdessen lieber von souveräner Führung sprechen. Überlegen Sie mal: Wenn es darum geht, als Führungsperson ernst genommen zu werden, wer hat dann wohl die größeren Chancen, und denken Sie dabei ruhig mal an Ihren eigenen Berufsalltag: der Brüllaffe, der bei jeder Gelegenheit herumschreit und schnauzt, bei dessen Erscheinen alle Gespräche einfrieren. Der Sie bei Problemen anpflaumt: »…dafür bezahle ich Sie doch!«, selbst aber nicht den kleinsten Versuch unternimmt, mit anzupacken; der Sie unter enormen psychischen Druck stellt und so Ihre Leistungen auf ein Minimum herunterfährt!?

Oder der Souveräne, dessen Ruhe, Überzeugungskraft, Fachkompetenz und freundliche Ausstrahlung Sie motiviert und für den Sie durch Feuer gehen würden. Der beim Brain Storming auch Sie zu Wort kommen lässt und Ihre Ideen wohlwollend überdenkt?

Wahrscheinlich sagen Sie jetzt: »Was hat Brain Storming mit Pferden zu tun? Welche Ideen wird mir wohl mein Schulpferd anbieten?« Seien Sie versichert: Beides werden Sie in Ihrem Reiterleben noch erleben.

Bei der Kommunikation mit dem Partner Pferd werden Sie merken, wie wichtig es ist, etliche negative Charaktereigenschaften abzulegen und sich wieder stärker auf Ihr besseres Ich zu besinnen. Was Sie auf keinen Fall ausleben dürfen sind: Wut, Jähzorn, Ungeduld, Egoismus und Labilität. Worauf es ankommt, wenn Sie dauerhafte Freude am Umgang mit Pferden und dem Reiten haben möchten – Parallelen zum sonstigen Leben sind rein zufällig –, sind Geduld, Fairness, Selbstdisziplin, Selbsterkenntnis, Konsequenz, Freundlichkeit, Respekt und auch Demut.

Wie Sie später im Kapitel »Die Psyche des Pferdes« ausführlicher erfahren werden, ist das Pferd ein Herdentier. Da in jeder Herde eine bestimmte Rangfolge herrscht, stellt sich auch in der Mensch-Pferd-Beziehung die Frage: Wer ist der Boss? Denken Sie ja nicht, das wäre egal, weil Sie sowieso nur einmal die Woche eine kleine Runde ums Karree drehen

Ein bewährtes

Konzept

+ Heilpädagogisches Reiten (HPR) ist v. a. bekannt als therapeutische Fördermaßnahme bei Krankheiten und Behinderungen und hat hier – dank der spezifischen Eigenheiten, die nur das Pferd zu bieten hat – nachweisliche Erfolge gebracht.

+ Inzwischen hat sich gezeigt, dass die Inhalte des HPR nicht nur für den therapeutischen Bereich gelten. Sie finden zunehmend mehr Gefallen bei all den Menschen, die Reiten anders lernen und erleben wollen, unter Berücksichtigung ihrer individuellen und persönlichen Fähigkeiten. Kinder, Jugendliche und Erwachsene – vor allem ältere Wiedereinsteiger oder Neulinge, die sich ihren Kindheitstraum erfüllen möchten – fühlen sich angesprochen von diesem ganzheitlichen Konzept.

+ Es ermöglicht den Menschen, das Pferd als Wesen zu begreifen und sich mit ihm vertraut zu machen. Sie erlernen alles, was zur Versorgung und Pflege der Tiere gehört. Das eigentliche Reiten beginnt ohne Leistungsdruck, also angstfrei, weil sich der Reitende zunächst ganz der Bewegung und seinen Empfindungen widmen darf. Es werden alle Sinne angesprochen sowie Bedürfnisse und Emotionen geweckt, die durch das Pferd Erfüllung finden.

Gabi Schreiber (Erzieherin/Dipl.Reit-Päd. SV-HPR)

Allen Hindernissen
zum Trotz

+ Als 15-Jährige hatte ich bei einem Landschulheim-Aufenthalt die Möglichkeit zu reiten.

+ Die ungezwungene Atmosphäre dort und das Reiten in der Natur machten mir riesigen Spaß. Als ich dann daheim aber zu einem Verein ging, wurde mir klar, das ist nichts für mich. Alle waren picobello unterwegs, die Aufnahmegebühr sündhaft teuer und die Stimmung eher unterkühlt.

+ Es folgte dann leider eine ganz lange Pause, bis ich anfing, in einer Reitschule hin und wieder die Ställe zu säubern. Meine Bekannten lachten und sagten: »Willst du jetzt Stallknecht werden?« Für mich war das aber eine wunderbare Möglichkeit, ganz in Ruhe einen Draht zu den Pferden zu finden. Beim nächsten Erwachsenenkurs dort meldete ich mich an. Ich habe keine Angst, da ich durch mein Wissen über Tiere viel ruhiger an alles herangehen kann. Meine Tochter, 22 Jahre, hat mich nun zu diesem Job überredet. Mittlerweile nimmt auch sie Unterricht und wir träumen davon, bald gemeinsam die ersten Ausritte zu machen.

Ute – 53 Jahre jung

wollen. Auf dem Pferd können auch 10 Sekunden zu einer bangen Ewigkeit werden, wenn dieses beschlossen hat, das Ruder in die Hand zu nehmen! Das soll Ihnen nun keinesfalls Angst machen, sondern Sie lediglich davon überzeugen, dass es unerlässlich ist, Ihre Position zu klären – und zwar eindeutig.

Ein Pferd schließt sich Ihnen auf der Basis von Vertrauen und des Sich-Beschützt-Fühlens an, dann erst akzeptiert es Sie auch als Boss. Das erfordert von Ihnen ein hohes Maß an Selbstdisziplin, denn ein Ausrutscher in Richtung »Brüllaffe« kann vieles an aufgebautem Vertrauen wieder zerstören. Das Reiten an sich, sofern Sie es in seiner Ganzheit erlernen, hat etwas wunderbar Entspannendes und sucht als Freizeitbeschäftigung seinesgleichen: Sie glauben gar nicht, wie gut es der Psyche tut, Sonntagsmorgens in aller Herrgottsfrühe mit dem Pferd unterwegs zu sein und einmal die Seele baumeln zu lassen.

Überlegen Sie sich schon vor dem Beginn der eigentlichen Reitstunden, was Sie sich erwarten von dieser Partnerschaft zwischen Ihnen und dem Pferd. Verlieren Sie dabei niemals das Wohlergehen Ihres Wegbegleiters aus den Augen. Was Sie erlernen wollen, ist schließlich nicht die Technik irgendeiner Sportart, sondern die Kommunikation mit einem anderen Lebewesen.

Nur Mut, seine eigenen Ziele kann man sich nicht hoch genug stecken! Und das, was Sie zurückbekommen, wenn Sie bereit sind, sich von der Pike auf mit allem, was zum Reiten und Pferdeverständnis gehört, auseinander zu setzen, ist so unendlich schön, dass es jede Mühe wert ist.

Wenn Sie die Grundbegriffe des Reitens gemeistert haben, das Pferd sicher kontrollieren können und eindeutig Ihre Führungsposition geklärt haben, werden Sie sich großartig fühlen, denn es ist ein wirklicher Genuss, mit diesen herrlichen Wesen gewissermaßen eins zu sein.

Dieses schöne Ziel ist erreichbar, doch es ist ein langer Weg dorthin. Ein bisschen Fleiß, großes Interesse, das eigene

Wissen ums Pferd ständig zu erweitern, eine ordentliche Portion Durchhaltevermögen und Geduld müssen Sie schon mitbringen. Reiten zu lernen, sich mit dem Pferd zu beschäftigen macht allerdings unendlich viel Spaß, und zwar trotz anfänglichem Muskelkater, den Sie übrigens durch vorbereitende Gymnastik (siehe Seite 28) minimieren können.

Info

+ Zum Reiten benötigen Sie körperliche Fitness, eine gewisse Grundkondition, gutes Gleichgewichtsgefühl und Reaktionsvermögen, daneben aber auch Geduld, Fairness, Selbstdisziplin und Demut. Ersteres lässt sich erarbeiten, die Geisteshaltung sollte man mitbringen.

Durchs Reiten werden Sie sich verändern, und zwar zum Positiven. Allein das Überdenken aller in uns schlummernden Charaktereigenschaften ist ein guter Anfang. Negative Reaktionen bewusst zu unterdrücken oder gar nicht mehr aufkommen zu lassen wird Ihnen auch im sonstigen Leben mehr Freunde bescheren. Und wenn durch diese neue Form der Selbstdisziplin wieder ein bisschen mehr Freundlichkeit für alle Wesen auf diese Erde kommt, hat sich das Reitenlernen schon gelohnt!
Die Faszination, die das Pferd auf die Menschen ausübt, besteht sicher auch darin, wie viel wir von ihm lernen können. Eines steht jedenfalls zweifelsfrei fest: Reiten tut der Psyche gut!!!

*Wer so ein schönes Hobby ausüben darf,
der muss ja gut drauf sein!*

Ohne
Moos nix los

Sie haben ein herrliches Hobby für sich entdeckt. Sie möchten dabei Vergnügen und keinen Frust haben, zu Schaden kommen wollen Sie schon gar nicht.

Dafür lohnt es sich also Geld auszugeben – für gute korrekte Leistungen, für ordentliches Material, für eine stimmige Sache.

Die Frage nach der passenden Reitschule sollte auf keinen Fall vom Geldbeutel abhängig gemacht werden. Sicher, jeder von uns hat eine gewisse Ober- und Schmerzgrenze, was Ausgaben für ein Hobby betrifft, »off limits« zu leben, können sich nur die wenigsten Zeitgenossen erlauben. Trotzdem möchte ich Sie auffordern, gerade zu Beginn Ihrer Reiterlaufbahn nicht am falschen Platz zu sparen. Gewisse Leistungen können nur erbracht werden, wenn der Betrieb, der sie anbietet, auch entsprechend kalkulieren und rechnen kann – das werden Sie aus Ihrem Berufsalltag sicherlich wissen.

Als Gegenleistung erhalten Sie ausgeglichene, gesunde Lehrpferde, die Ihnen die ersten Reitstunden zu einem wahren Vergnügen werden lassen, trotz des unvermeidlichen Muskelkaters. Bedenken Sie auch, dass die Pferde, die Ihnen hier zur Verfügung stehen, das ganze Jahr über betreut und versorgt werden müssen – und das gilt auch, wenn Sie vielleicht wegen Urlaub, Krankheit oder schlechtem Wetter mal nicht so oft zum Reiten kommen. So ein Service verlangt natürlich seinen Preis.

Bitte haben Sie all das im Hinterkopf, wenn Sie ein paar Euro mehr auf den Tisch legen sollen. Mal ehrlich, haben Sie nicht aus Interesse und Liebe zum Pferd mit diesem Hobby angefangen? Dann seien Sie auch nicht knauserig, wenn Sie das Glück haben, eine entsprechende Reitschule in der Nähe zu entdecken und das Drumherum stimmt !!!

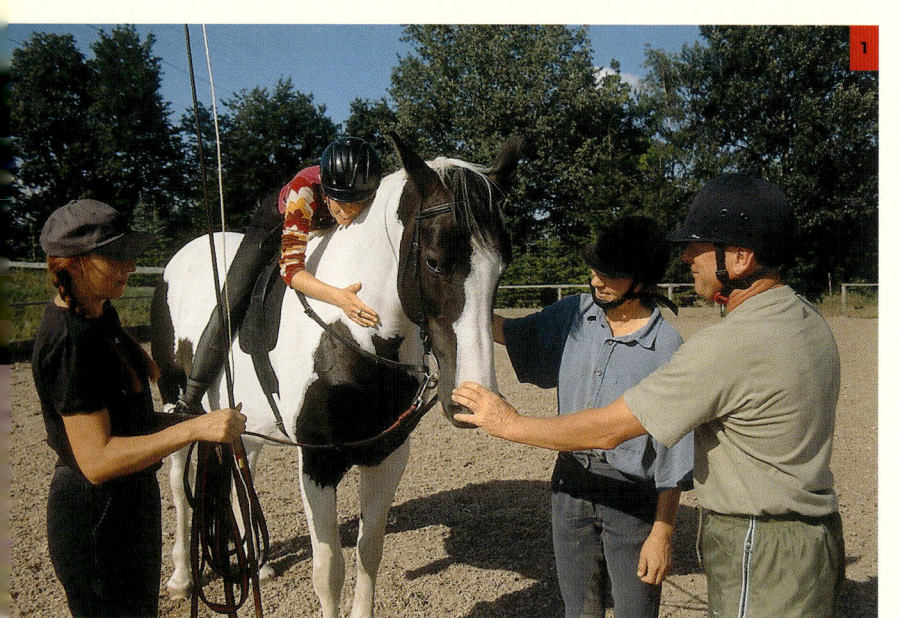

1 *Danke, Große Maus, es hat uns allen viel Spaß gemacht!*

2 *Glückliche Pferde, die so leben dürfen!*

3 *So gut aufgehoben macht der erste Ausritt riesigen Spaß!*

Check-liste
Reitbetriebe

Ein guter Reitbetrieb kann **nicht** zu Dumpingpreisen anbieten:

- ○ artgerechte Haltung der Pferde mit luftigen, hellen Stallungen und entsprechenden Paddocks oder Ausläufen.

- ○ eingezäunte Weideflächen für alle Jahreszeiten.

- ○ eine große Auswahl an Lehrpferden, die auch mal ein wenig Urlaub bekommen.

- ○ einwandfreie medizinische Versorgung wie z. B. regelmäßige Zahnkontrollen, Wurmkuren oder Impfungen.

- ○ passendes und gepflegtes Sattelzeug.

- ○ regelmäßige Hufpflege.

- ○ geschultes Fachpersonal, das freundlich, kompetent, geduldig und individuell mit Ihnen und den Tieren arbeitet und sich auch Zeit zum Korrekturreiten nimmt.

- ○ Reitunterricht nicht als Massenabfertigung, sondern in kleinen Gruppen und in positiver Atmosphäre.

- ○ einen geruhsamen Lebensabend für Tiere, die aus dem aktiven Schulbetrieb ausgeschieden sind.

Der Zeitfaktor

Grundsätzlich gilt: Reiten ist ein sehr zeitintensives Hobby. Das sollte Sie aber nicht abschrecken, denn mit dem richtigen Zeitmanagement finden Sie auch dafür noch in Ihrem Leben Platz.

Gerade am Anfang sollten Sie unbedingt viel Zeit investieren, denn je intensiver Sie sich mit dieser völlig neuen Welt auseinander setzen, desto eher werden Sie darin heimisch werden. Lesen Sie sehr viel über Pferde und suchen Sie, wann und wo immer es geht, ihre Nähe, um ihre artspezifischen Verhaltensweisen zu studieren.

Die Zeit hat kurz-, mittel- und langfristige Aspekte.

Tipp

+ Besuchen Sie große Pferdemessen und nehmen Sie das ganze Spektrum der Pferdeszene in sich auf. Aber Vorsicht! Lassen Sie sich von den zahlreichen Eindrücken nicht erschlagen, sondern inspirieren.

Am Anfang war der Muskelkater

Zu den *kurzfristigen Aspekten* gehört zweifellos ein Muskelkater, und da müssen Sie einfach durch. Versuchen Sie wenigstens ein- bis zweimal wöchentlich Reitstunden zu nehmen und sorgen Sie für den entsprechenden Ausgleichssport. Sie werden merken, wie gut Ihnen das tut, wenn Sie zu Beginn dranbleiben. Dazu gehört nicht nur das körperliche Training, sondern auch die Schulung Ihres Wahrnehmungsvermögens und der Ausbau Ihres Wissensstandes über alle Belange rund um das Pferd. Das bedeutet für Sie, außerhalb Ihrer Reitstunden viel Zeit im Stall zu verbringen: Zuhören, zusehen, Pferde beobachten, falls möglich mal bei der Stallarbeit helfen – gerade das ganze Drumherum lehrt Sie unglaublich viel.

....

1 *Auch das Rossbollen-Sammeln erweitert den Horizont!*
2 *Tolle Idee! Von diesem Spaziergang haben alle etwas.*

....

Dranbleiben heißt die Devise

Mittelfristig bedeutet es, sich regelmäßige feste Termine innerhalb der Woche frei zu halten.

Sie sollten unbedingt kontinuierlich, ohne größere Pausen, Reitunterricht nehmen. Ganz praktisch wäre es, wenn Sie parallel zu den wöchentlichen Reitstunden noch Kompaktkurse besuchen könnten, die oft an Wochenenden angeboten werden und in komprimierter Form sehr viel Wissen vermitteln. Es gibt so zahlreiche und interessante Kursangebote, dass Ihnen die Auswahl schwerfallen wird. Was auf jeden Fall Sinn macht, sind Kurse über Bodenarbeit, Anatomie des Pferdes, Psychologie, Falltraining etc. Es lohnt sich auch, zu Fachliteratur zu greifen und einige Themenbereiche im stillen Kämmerchen auzuarbeiten und zu vertiefen. Sehr sinnvoll wäre es, wenn Sie, rein reittechnisch betrachtet, am Anfang Ihres Reiter-Daseins bei einem Ausbilder bleiben würden. Andernfalls könnte es Sie verwirren, da jeder Ausbilder seine pädagogischen Eigenheiten hat und bestimmte Dinge unterschiedlich erklärt werden.

Zukunftsmusik

Für die *langfristige Betrachtung* haben Sie ja noch ein bisschen Zeit. Eventuell wird dann einmal die Frage auftauchen: Kommt ein eigenes Pferd für mich in Frage? Oder soll ich in Form einer Reitbeteiligung ein Pferd mitbetreuen? Beides bedeutet eine enorme Verantwortung mit allen daraus entstehenden Konsequenzen.

Einen solchen Schritt müssen Sie sich gut überlegen. Ein eigenes Pferd ist wie ein neues Familienmitglied. Sie können es nicht bei Bedarf und Zeitmangel mal für ein paar Wochen in die Garage stellen, denn es ist ein Lebewesen und kein Sportgerät.

Grundsätzlich gilt: Beim Umgang mit dem Pferd sollten Sie immer ganz bei der Sache sein. Sie müssen sich innerlich auf

das Tier einstellen und abschalten können, auch wenn der Tag für Sie sehr stressig war. Nur Ruhe und Geduld bringen das von Ihnen gewünschte Ergebnis: Irgendwann einmal mit dem Pferd völlig entspannt und harmonisch das Hobby ausüüben, das Sie so fasziniert – Reiten!

Bitte haben Sie Geduld. Reiten lernt man nicht von heute auf morgen. Zumal es ein so unendlich umfassendes Thema ist, das sich um ein andersartiges Lebewesen dreht – das Pferd. Sie werden viele Jahre brauchen, um alle Aspekte in ihrer Komplexität zu verstehen und gewiss nie auslernen. Auch wenn Sie zu einem guten Reiter geworden sind, wird es immer wieder Aha-Erlebnisse geben. Genau das macht Reiten aber so interessant, denn die Teamarbeit mit einem Pferd ist wirklicher Denksport, der ein Leben lang Spaß macht und einen immer wieder vor neue Herausforderungen stellt. Halten Sie durch und begnügen Sie sich auch mit kleinsten Fortschritten. Wenn sie diese winzigen Schritte – und immer wieder auch Stagnationen – akzeptieren, wird sich der Erfolg umso schneller einstellen.

Es ist jede Mühe und jeden Zeiteinsatz wert. Lernen Sie Reiten!

Wer die (Reitschulen)-
Wahl hat, hat die Qual

Bei der Wahl Ihrer Reitschule sollten Sie sehr sorgfältig vorgehen, denn schließlich ist die Basisarbeit entscheidend für Ihren weiteren Weg als Reiter.

Was dabei versäumt oder falsch angepackt wird, steht Ihnen später unendlich lang im Wege. Einmal erlernte negative Verhaltensmuster oder das Überspringen bestimmter Ausbildungsstufen prägt sich hartnäckig ein und sind nur sehr schwer wieder aus Ihrem Kopf herauszubekommen. Egal, welchen Reitstil Sie als Ihren persönlichen Favoriten sehen: Die Grundlagen der Ausbildung müssen stimmen, und zwar bei Reiter und Pferd. Deshalb müssen Sie als An-

1 Die enge Zusammenarbeit zwischen Reitschüler und Ausbilder ist am Anfang ganz wichtig.
2 Liebe geht bekanntlich durch den Magen!

Tipp

+ Ob Tölt auf strubbelmähnigen Islandpferden, Westernreiten auf gefleckten Appaloosas oder »Hohe Schule« auf edlen Dressurpferden – für Sie als Anfänger ist es völlig nebensächlich, mit welcher Reitweise Sie starten, denn so unterschiedlich die Reitweisen und die Methoden der Ausbildung auch sein mögen – alle haben das gleiche Ziel: ein Team bestehend aus Pferd und Reiter zu bilden, das mit minimalster Kommunikation ein harmonisches Zusammenspiel zeigt. Das oberste Gebot dabei ist die Gesunderhaltung des Pferdes.

fänger eine Basisausbildung erhalten, bei der diese Grundlagen gelehrt werden
Die Kombination aus Verständnis für das Wesen Pferd, Wissenserwerb über alle Belange, dies es betreffen, Erlernen des

Handlings vom Boden aus und als Reiter wird Sie auf geradem Weg zu dem von Ihnen so sehr ersehnten Ziel führen! Wird einer der drei Punkte vergessen, wird das Ergebnis immer unbefriedigend bleiben. Und der größte Leidtragende dieser Fehlentwicklung ist das Pferd. Ein guter Ausbildungsbetrieb wird Ihnen nicht nur reine Reittechnik vermitteln, sondern gibt Ihnen darüber hinaus die Möglichkeit, sich mit dem Pferd vertraut zu machen.

Reinschnuppern – und zwar gründlich

Sehen Sie sich also in Ruhe den laufenden Betrieb an: In welchem Rahmen finden die Unterrichtsstunden statt? Wird in kleinen Gruppen intensiv gearbeitet? Wie reagiert der Ausbilder auf die Schüler? Zieht er nur gelangweilt seine Reitstunde durch oder beschäftigt er sich tatsächlich mit Problemlösungen? Reiten Anfänger und Fortgeschrittene wild durcheinander oder ist deutlich erkennbar, dass die jeweiligen Reiter als konforme Gruppe arbeiten? Achten Sie auf Vielseitigkeit beim Angebot der Reitkurse/Reitstunden. Gibt es Schnupperstunden für die allerersten Versuche? Daneben gesonderte Kurse z. B. für Bodenarbeit oder eventuell Theoriestunden?

Glückliche Pferde mit Platz und Freiheit

Schauen Sie sich die Pferde an und betrachten Sie kritisch, wie sie gehalten werden. Haben alle Pferde der Anlage, auch die Lehrpferde, genügend Auslaufflächen und geräumige Boxen? Zwar wird ein Pferd geritten, aber es braucht, um seine tief verwurzelten Bedürfnisse zu befriedigen sowie um gesund zu bleiben viel, viel mehr an Freiheit und Bewegung als ein Reitstündchen am Tag leisten kann. Stellen Sie sich doch mal folgende Situation vor: Sie stehen Tag für Tag mindestens 23 Stunden in einem Raum, der kaum groß genug ist, sich ohne irgendwo anzustoßen herumzudrehen, dazu noch ohne Fenster. Kontakte zu anderen Menschen können Sie

nicht pflegen. Und auch sonst bekommen Sie kaum Anreize für Ihre Sinne.
Die einzigen Abwechslungen sind – wenn Sie Glück haben – drei Mahlzeiten am Tag. Aber auch die sind recht karg und

Hier ist gut

Pferd sein

Ideal für die Pferdeunterbringung ist eine Box im überdachten und geschützten Innenteil des Stalles, wobei das Tier aber zusätzlich ständigen Zugang zum befestigten Auslauf vor der Box hat und sich so selbst aussuchen kann, wo es sich aufhält. Langeweile wird so nicht aufkommen. Sozialkontakte werden teilweise über das Gatter ausgelebt, durch die vermehrte Aktivität wird der Bewegungsapparat gesund erhalten. Sehr gesund ist auch die von schädlichen Ammoniakgasen relativ unbelastete, staubfreie Luft. Trotzdem können die Pferde nach Belieben ruhen sowie kontrolliert und individuell gefüttert und versorgt werden.

Zimmer mit Aussicht und Fliegenvorhang

innerhalb kürzester Zeit aufgegessen, denn Sie sollen ja nicht dick werden. Ihrem Magen und Darm bekommt das gar nicht gut, das haben Sie schon gemerkt. Ihre Beine und Ihr Rücken werden ganz starr und steif vom vielen Stehen und Sie fürchten jetzt schon den Moment, in dem man Sie aus dem Raum holt, um Ihnen ohne Aufwärmphase eine Stunde Leistungssport abzuverlangen. Außerdem fehlt es Ihnen wegen der mangelnden Bewegung an Kondition, und die schlechte Raumluft reizt Ihre empfindlichen Atemwege. Sie werden von Tag zu Tag trübsinniger und irgendwann resignieren Sie völlig. Leider sieht auch heute noch so der Stallalltag von vielen Pferden aus. Natürlich kann man nicht alle Pferde eines Stalles einfach gemeinsam auf eine Koppel schicken und sie sich selbst überlassen. Das wäre wieder das andere Extrem und in unserer heutigen Zeit auch nicht realisierbar. Eine sehr empfehlenswerte Alternative ist aber »das Zimmer mit Balkon« mit gleichzeitigem, täglichen Gruppen-Fitnesstraining, sprich, eine Paddock-Box mit täglichem Koppel- oder Auslaufgang in Gruppen.

Der ganz große Spaßfaktor, wobei gleichzeitig die Herdentierbedürfnisse gestillt werden, ist natürlich der stundenlange gemeinsame Aufenthalt auf der Koppel oder in einem großen Auslauf. Hier erst können sich die Tiere, zumindest für eine Weile, wirklich frei fühlen. Sie können sich austoben, ihre Rangfolge klären, ihrem Spieltrieb nachkommen, Fellchen kraulen, sich ausgiebig wälzen, wenn ihnen danach ist und einfach sie selbst sein – nämlich Pferde!

Ganz klar, diese Art der Haltung erfordert am Anfang eine Menge an Planung und Investition. Aber es zahlt sich auch aus, denn die Pferde sind gesünder und leistungsbereiter. Es ist sinnvoller ein paar Zäune für eine zusätzliche Koppel zu bezahlen als horrende Tierarztrechnungen.

Für Sie als Reitanfänger ist ein zufriedenes und gerne mitarbeitendes Pferd, das seine Urinstinkte nicht nur unter Ihrem Popo ausleben kann, auch viel sicherer. Achten Sie deshalb schon jetzt auf die Haltungsform, auch wenn Sie kein eigenes

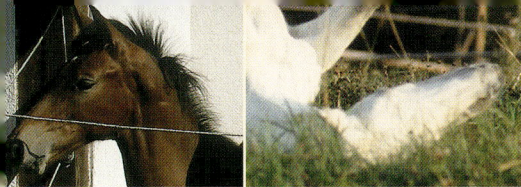

Pferd haben. In gewisser Weise unterstützen Sie die artgerechte Haltung ja durch die Anmeldung oder Nicht-Anmeldung in dieser oder jener Reitschule.

Vertrauen Sie auf Ihr Gefühl

Bevor Sie eine endgültige Entscheidung fällen, sollten Sie auch einfach auf Ihr Gefühl horchen und Ihren Bauch fragen. Stimmt die Atmosphäre? Könnten Sie sich hier wohl fühlen? Ganz wichtig ist es nämlich, dass Sie dort, wo Sie reiten lernen, auch gern sind. Nur dann werden Sie sich über die Reitstunden hinaus hier aufhalten wollen und mit einem guten und entspannten Gefühl immer wieder herkommen. Die Chemie muss stimmen, das ist nicht nur bei der Wahl des Zahnarztes oder des Versicherungsberaters so, sondern auch in Bezug auf Ihren Reitlehrer.

Seien Sie bitte vorsichtig bei so genannten – und oft selbst ernannten – Gurus, die es leider immer wieder gibt. Wirkliche Horse(wo)men werden ihre Methode nie dogmatisch als die einzig selig machende anpreisen. Sie vertrauen auf eine bestimmte Lehrmethode, weil sie sich in all den Jahren des Sammelns an Erfahrung bewährt hat. Ein guter Ausbilder ist jederzeit bereit, sich auch Gedanken über andere Reitweisen zu machen und sinnvolle Aspekte davon in seine eigene Arbeit mit einzubeziehen.

Besuchen Sie die Reitschule, die Sie in die engere Wahl genommen haben, ruhig ein zweites und drittes Mal. Jeder Betrieb kann auch mal einen Tag haben, an dem es drunter und drüber geht.

Wenn Sie dann das Gefühl haben, hier könnte es klappen, dann melden Sie sich an und versuchen es. Sie werden schnell merken, ob es die richtige Entscheidung war. Muskelkater kann Ihnen auch die beste Reitschule nicht völlig ersparen, aber auf jeden Fall den Frust. Wenn sich der einstellt, dann sollten Sie erneut auf die Suche gehen, denn Reiten lernen sollte ungeheuer viel Spaß machen!

Eine Wohltat, sich kratzen zu können, wenn es so richtig zwackt.

Die leidige Frage:
Was zieh' ich an?

Die Kleidungsfrage wird Ihnen vielleicht Kompromisse abverlangen.

Bei Anprobe diverser Reithosen werden Sie feststellen, dass bei den Damen Größe 42 oder bei den Herren 54 auch nicht mehr das ist, was es mal war. Wenig Sinn macht es aber, todschick vor dem Pferd zu stehen und es dann beim Blickkontakt zu belassen, weil die Hose einfach zu eng ist und Mann/Frau nicht aufs Pferd kommt.

Sicherheit ist oberstes Gebot! Also unbedingt eine Reitkappe tragen, die den gültigen DIN-Normen entspricht. Die moderne Technik ermöglicht superleichte und stabile Helme, unter denen selbst die schicke Trendfrisur nicht zu arg leiden muss. Sturzhelme können Leben retten, und das nicht nur beim Herunterfallen vom Pferd.

Wenn Sie beim Ausritt entlang herrlich blühender Obstbaumalleen einen Ast ziemlich hart und unvermutet auf Ihrer Stirn

spüren, werden Sie sich nichts sehnlicher wünschen, als einen Helm getragen zu haben.

So weit die Füße tragen

Schuhwerk sollte stabil, knöchelhoch und am Ballen nicht zu breit sein, damit der Schuh nicht im Steigbügel stecken bleibt. Da es sein kann, das im Eifer des Gefechts bei Ihren ersten Kontakten mit dem Pferd dieses einen seiner Hufe mit

1 *Ein schicker Hut steht jedem gut!*
2 *Achtung Roland! Äste!*

seinem gesamten Lebendgewicht auf Ihre Zehen drückt, empfiehlt es sich, bei den Schuhen auf Stabilität zu achten. Wirklich gute Lederreitstiefel kosten ein halbes Vermögen und müssen, speziell am Anfang, gar nicht sein. Es gibt schon sehr günstige Reitschuhe, in denen Sie gut und gern und vor allem sehr bequem etliche Meter zu Fuß zurücklegen können, wenn Sie müssen – was bei Reitanfängern, die sich während eines Ausrittes von Ihrem Partner Pferd – meist unfreiwillig – getrennt haben, schon vorgekommen sein soll. Zum Reitschuh eignen sich hervorragend so genannte Mini-Chaps, das ist ein beweglicher Stiefelschaft ohne Schuhteil mit seitlichem Reißverschluss. Diese verhindern hervorragend eventuelle Scheuerstellen am Bein durch das Reiben von Steigbügelriemen.

Zu empfehlen ist unbedingt die sehr kleidsame weil streckende Form der Jodhpur-Reithose. Nachdem sie aus der Mode gekommen war, hat man sie nun wiederentdeckt als sehr bequeme und lässig zu Stiefeletten zu tragende Hose, mit der man/frau auch zur After-Ride-Party gehen kann.

Jetzt geht's an die (Unter-)Wäsche!

Ein sehr interessantes Thema sind auch die Dessous. Auch wenn Ihr Allerwertester noch so knackig im Stringtanga aussieht, bleiben Sie lieber bei »Schiesser-Feinripp«. Sie werden mir noch für diesen Hinweis dankbar sein! Auch Spitzen sind fehl am Platz, sprich Po. Gute, funktionelle Sportunterwäsche ist bei allen körperlichen Aktivitäten sicherlich die geeignetste Form des Darunter.

Bitte tragen Sie bei den Reitstunden keine allzu schlabberigen und weiten Oberteile. Der Reitlehrer kann sonst unmöglich feststellen, ob Sie gerade sitzen. Ansonsten sollten Sie sich zwiebelmäßig kleiden. Das heißt: Kann sein, dass Ihnen beim Putzen des Pferdes, beim Hantieren mit dem Sattelzeug, bei Erledigungen im Stall, beim Turnen auf dem Pferd etc. etc. ziemlich warm wird. Also, Jacke und Pulli runter und im

Tipps

+ Hosen nicht zu eng kaufen, lieber eine Nummer weiter (muss ja keiner erfahren). Für die Bodenarbeit und fürs Turnen reichen Jogginghose oder Jeans vollkommen aus.

+ Dem Zweck angepasste Kleidung tragen. Wenn das eigentliche Reiten ansteht, sollte man sich eine ordentliche Reithose gönnen. Jeans können schmerzende Scheuerstellen verursachen, in Jogginghosen gerät man ins Rutschen. Reithosen gewährleisten einen guten Halt im Sattel, die modernen Fasern lassen sich superleicht pflegen und sind sehr langlebig.

+ Viele Reitsportgeschäfte haben eine »Schnäppchenecke«, wo Artikel saisonbedingt, aus dem regulären Verkaufsangebot genommen und reduziert wurden.

T-Shirt weiterarbeiten. Sobald der Körper aber zur Ruhe kommt, empfiehlt es sich, wenigstens den Pulli wieder anzuziehen, denn in Reithallen, oder auf Reitplätzen im Freien weht immer ein Lüftchen. Für all diese Wechselfälle sollte man gerüstet sein.

Die Mitarbeiter eines Pferdesport-Zubehör-Fachgeschäftes beraten Sie sicher gern über auf dem Markt befindliche zweckmäßige Kleidung. Ein wenig sollten Sie sich daran orientieren, was in Ihrer Reitschule gern gesehen wird. Wenn es Sinn macht, soll's Ihnen Recht sein. Um Gerte, Sporen oder sonstiges Zubehör brauchen Sie sich im Moment noch keine Gedanken machen.

Fazit: Tragen Sie legere Kleidung. Das Pferd lässt sich durch Ihre Optik sowieso nicht bestechen. Eher durch die Karotten, die in den großen Taschen Ihrer Jacke verborgen sind.

Sport ist
Mord?

So einfach rauf aufs Pferd und ab
die Post, das funktioniert nicht.

Je nach Alter, körperlicher Verfassung und aktueller Fitness
sollte sich jeder Reitanfänger Gedanken über sportliche
Übungen machen, die das neue Hobby begleiten.
Nun sind viele Erwachsene doch im Lauf der Zeit ein wenig,
manchmal sogar gänzlich eingerostet. Das macht aber
nichts, wir gehen's langsam an. Natürlich birgt jede sportliche Betätigung eine gewisse Verletzungsgefahr, doch diese
können wir durch ein körperliches Aufbautraining verringern.
Und wenn Sie sich einigermaßen auf und mit dem Pferd bewegen können, wird es Sie kaum als unangenehme und möglichst rasch loszuwerdende Last betrachten.
Integrieren Sie folgende Aktivitäten in Ihren Wochenplan.
Jeder Tag könnte im Übrigen schon mit etwas Stretching
unter der Bettdecke anfangen:

Fitness
für zwei

+ Die Gymnastizierung des Pferdes ist immer auch Gymnastizierung des Reiters: Von beiden wird symmetri-
sches Arbeiten gefordert, dem oft eine ausgeprägte natürliche Rechts- oder Linkshändigkeit entgegensteht.

+ Daneben werden die stabilisierend arbeitenden Partien
der Bauch- und Rückenmuskulatur beansprucht, die
heute am wenigsten gefordert sind.

Eva Rehm (Physiotherapeutin)

– *Joggen* oder *Walken* zum Konditionsaufbau. Ein- oder zweimal die Woche ein halbes Stündchen an der frischen Luft zu
laufen wäre schon gut. Dabei lernen Sie auch bewusst und
gleichmäßig zu atmen, und eine regelmäßige Atemfrequenz hilft Ihnen sowohl beim Ausdauersport als auch
beim Reiten.
– *Schwimmen* dient der gesamten Muskulatur.
– *Gymnastik* – wie zum Beispiel Bauch-Beine-Po-Training –
dient der gezielteren Entwicklung einzelner Muskelgruppen. Aus Büchern können Sie sich Anregungen holen.

Sport ist Mord!!!

– Jetzt aber kommt der Hit: *Lambada-Tanzen*, denn dadurch wird der Hüftschwung gelockert, und der ist beim Reiten unentbehrlich; auf dem Pferd werden Sie wissen, warum.

Sie können auch getrost zum Hula-Hoop-Reifen greifen. Um Ihren Gleichgewichtssinn und Ihr Reaktionsvermögen zu aktivieren, müssen Sie sich nur dazu überwinden, wieder all die schönen Dinge aus Ihrer Kindheit zu tun: Balancieren Sie auf Baumstämmen. Laufen Sie fortan nur noch auf dem wei-ßen Trennstrich zum Radweg. Hüpfen Sie auf einem Bein und stellen Sie sich beim Bäcker oder Metzger einbeinig an! Stellen Sie sich ruhig selbst einen individuellen Trainingsplan zusammen. Denn auch dabei wird Ihr Geist gefordert. Sie werden staunen, wie viel Spaß es macht, wieder vermehrt aktiv zu sein. Verlassen Sie Ihren Fernsehsessel. Schlagen Sie wieder Purzelbäume. Ein gekonnter, gut abgerollter Purzelbaum hat schon viele Stürze vom Pferd verharmlost.

Kampf dem Muskelkater!

Bitte machen Sie die folgenden Dehnübungen gerade am Anfang vorsichtig und mit Bedacht. Sie sollen Ihrem Körper ja hilfreich sein und ihm nicht schaden.

Wärmen Sie sich vorher durch Laufen etwas auf, damit Kreislauf und Durchblutung angeregt werden und die Gelenkschmiere sich wieder verflüssigt.

Denken Sie bitte auch an Ihre regelmäßige und freie Atmung.

Führen Sie alle Übungen mehrmals aus, mit kurzen Entspannungspausen dazwischen. Nach den Übungen müssen Sie unbedingt Ihren gesamten Körper wieder lockern.

Nackenmuskulatur:
Das Kinn mit hinter dem Kopf ineinander verschränkten Händen nach unten/vorn bis auf die Brust ziehen.
Bauch einziehen und Gesäß anspannen.
Position ca. 20 Sekunden halten.

Rückenmuskulatur:
Den Oberkörper bei gerundetem Rücken ganz locker und langsam fallen lassen.
Position halten, dabei bis zehn zählen. Wirbel für Wirbel nach oben rollen und dann erneut fallen lassen.

Seitenmuskulatur des Oberkörpers:
Bei hüftbreit gespreizten Beinen stützen Sie eine Hand in Ihre Seite.
Den anderen Arm nehmen Sie über den Kopf und beugen sich langsam in der Taille nach außen.
Position zehn Sekunden halten, auf der anderen Seite wiederholen.

Hintere Oberschenkelmuskulatur:
Knien Sie sich auf ein Bein und strecken Sie das andere nach vorn.
Senken Sie den Oberkörper möglichst gerade über das gestreckte Bein und halten Sie diese Position einen Moment.

Vordere Oberschenkelmuskulatur:
Sie stehen auf einem Bein und halten das andere Bein am Fuß gefasst bis an Ihren Po.
Ziehen Sie den Bauch ein und spannen Sie Ihr Gesäß an. Eine Weile halten.

Wadenmuskulatur:
Mit den Fußballen auf der untersten Treppenstufe stehen.
Jetzt mit den Fersen nach unten ziehen.
Position einen Moment halten, entspannen, noch mehrmals wiederholen.

Was man über das Pferd wissen sollte

Das Glück dieser Erde liegt auf dem Rücken der Pferde:
So abgedroschen Ihnen dieser Spruch auch
vorkommen mag, so viel Wahres steckt doch darin.
Reiten zu lernen, mit dem Pferd ein harmonisches Team
zu bilden – diese Erfahrung sucht ihresgleichen.
Welch schönes und Herz erwärmendes Gefühl,
das Vertrauen dieser uns an Kraft um ein Vielfaches
überlegenen Geschöpfe zu gewinnen.

Gedanken zum
Partner Pferd

Für Freunde, das wissen wir alle aus unserem täglichen Leben, muss man da sein, wenn sie uns brauchen.

In unserer Beziehung zu den Pferden bedeutet dies, sie so weit es uns möglich ist artgerecht zu halten und entsprechend mit ihnen umzugehen. Ermöglichen Sie dem Pferd einen Lebensraum, in dem es sich wohl fühlt. Das gilt gleichermaßen für die Haltungsformen wie auch für den festgelegten Platz innerhalb der Hierarchie Mensch/Pferd. Lernen Sie nicht nur reiten, sondern a l l e s über die Bedürfnisse der Pferde. Wir haben so viel Freude an diesen herrlichen Tieren und sind es ihnen deshalb auch schuldig.

Tipp

+ Jeder Reiteinsteiger sollte sich zunächst einmal bemühen, die Bewegungsqualität seines Partners unter ihm in allen Gangarten zu erspüren, denn die häufigste Ursache für Störungen des Bewegungsapparates beim Pferd ist der Reiter.

Kalle Rehm, Pferdeosteopath (DIPO) und Physiotherapeut

Ein umfassendes Wissen über Pferde kann nur in einer breitgefächerten Basisausbildung aufgebaut werden, die durch gute Fachliteratur und Beobachtungen immer weiter vertieft wird. Schön übrigens auch, dass Sie dieses Buch in Händen halten, denn das zeigt, Sie machen sich Gedanken und das allein ist schon ein riesiger Schritt auf dem Weg zu einem lohnenden Ziel: einer echten Partnerschaft mit dem Pferd.

Das Ideal: die Eier legende Wollmilchsau

Träumen Sie von einem gefleckten Appaloosa oder einem edlen Andalusier? Beide Wunschvorstellungen sind absolut

Durst ist schlimmer als Heimweh!

in Ordnung. Haben Sie erst einmal reiten gelernt, können Sie ihn sich erfüllen und ein eigenes Pferd kaufen. In der Lernphase aber sollten Sie sich auf Pferde verlassen, die für diesen Job ausgebildet wurden und ganz bestimmte Kriterien erfüllen.

Vor allem das Größenverhältnis zwischen Pferd und Reiter ist wichtig. Ponys werden für Sie wegen Ihrer Größe und meist auch wegen Ihres Gewichts eher nicht in Frage kommen. Außerdem können Sie nur schwer die korrekte Schenkellage üben, wenn zwei Drittel Ihres Beins über den Pferdebauch hinausragen. Umgekehrt kann ein kleiner Reiter auf einem Riesen mit Widerristhöhe 1,80 Meter regelrecht Höhenangst bekommen – vom Rest ganz zu schweigen. Viele erwachsene Reitanfänger bevorzugen deshalb mittelgroße Pferde, die – im wahrsten Sinne des Wortes – überschaubar sind.

Kerngesund soll das Lehrpferd natürlich sein, denn gesundheitliche Mängel können besonders für den Anfänger ein Risiko darstellen. Und wer möchte außerdem ein krankes Pferd unter sich leiden wissen?

Vom Temperament her ist ein ruhiges, nicht schreckhaftes Tier, das trotzdem einen freudigen Vorwärtsdrang hat, ideal. Charakter und Wesen sollten einwandfrei und freundlich sein, die Toleranzgrenze reiterlichen Fehlern gegenüber relativ hoch. Eine gute Grundausbildung gewährleistet, dass Sie als Schüler auch spüren können, wenn Sie etwas falsch gemacht haben.

Dressur-, Spring- und Geländetauglichkeit sollte es natürlich auch besitzen; alles in allem suchen wir ein echtes Multitalent – kurz gesagt: die Eier legende Wollmilchsau.

Sind Sie als Reitschüler bereit, die Rechnung dafür zu tragen? Einen gewissen Aufwand muss man nämlich schon betreiben, damit Pferde ihren anspruchsvollen Job erfüllen können. Deshalb seien Sie sich von Anfang an bewusst, dass es ein lebendiges Wesen mit ganz eigenen – und kostspieligen – Bedürfnissen ist, das Ihnen so viel Freude in den Alltag bringt.

Was hält ein Pferde-
rücken aus?

+ Wichtig für die Tragfähigkeit eines Pferderückens ist besonders seine Bemuskelung, die sich nur durch entsprechende Gymnastizierung ausbilden kann. Und natürlich beeinflusst auch die Sitzqualität des Reiters die Belastbarkeit des Pferdes: Ein unkoordinierter Reitanfänger mit 60 Kilogramm Gewicht ist zweifelsfrei für das Pferd schwieriger zu tragen als ein harmonisch in der Bewegung mitschwingender guter Reiter, der 80 Kilogramm auf die Waage bringt.

Ein gut bemuskelter Pferderücken trägt auch locker mal zwei Erwachsene.

Die Psyche des Pferdes

Das Pferd ist ein Herden- und Fluchttier. Das muss man im Umgang mit ihm beachten.

Wer die Psyche des Pferdes wirklich gut kennen lernen will, sollte sie intensiv beobachten und außerdem auch einige Bücher zu diesem Thema studieren.

Kraulst Du mich, dann kraul ich Dich

Das Pferd lebte vor Jahrtausenden als Steppentier in freier Wildbahn und hat sich die Instinkte und Reflexe aus dieser Zeit bis heute erhalten. Das Leben spielt sich in der Herde ab, sie bietet dem Pferd Schutz und Sicherheit. Es besteht eine strenge Rangfolge innerhalb der Gruppe, die gesellschaftliche Stellung wird nicht gerade zimperlich verteidigt. Der Boss hat das Sagen, ihm oder ihr – es kann auch eine Stute sein – ordnet man sich unter, ihm/ihr folgt man, von ihm/ihr lässt man sich an andere Futterplätze verdrängen, er/sie darf zuerst an die Tränke und die leckersten Halme rupfen.
Der Boss muss ständig wachsam sein. Er erkennt, wenn Gefahr droht, er entscheidet, wohin man flüchtet, er verteidigt die Herde mit seinem ganzen persönlichen Einsatz. Kurz: Bei ihm fühlt man sich aufgehoben, man respektiert ihn, aber man vertraut ihm auch blind! Boss sein erfordert Mut und Klugheit, Reaktionsschnelligkeit und Erfahrung; Herdenchefs sind souveräne Führungspersönlichkeiten.
In der Herde werden soziale Kontakte ausgelebt, die über gegenseitiges Beriechen, Körpersprache und eine Menge Laute ausgiebig gepflegt werden. Ein großer Beweis der Zuneigung ist das gegenseitige Fellkraulen.

Stellen Sie sich vor…

+ Es ist ein schöner sonniger Tag und Ihr Ausbilder schlägt vor, heute einmal draußen zu reiten. Jeder Schüler soll nun sein Pferd aus der Halle herausführen. Neben dem Eingang steht ein Fass, in dem sich Regenwasser gesammelt hat, das in der Sonne glitzert. Sie finden das wunderschön, Ihr Pferd nicht! Es prustet durch die Nüstern und ahnt nichts Gutes.

+ Da Sie nun aber wissen, Ihr Pferd wird sich beruhigen, sobald ihm klar geworden ist, dass es sich lediglich um Wasser handelt, bleiben Sie ruhig und lassen es in Ruhe an der Pfütze schnuppern. Die Lage beruhigt sich, Ihr Pferd auch. Hätten Sie es jetzt einfach weitergezerrt, ohne sich der Situation bewusst zu sein, wäre höchstwahrscheinlich ein großes Drama entstanden.

Kommunikation für Minimalisten

Oft reicht das leiseste Zucken eines Ohres aus, um dem Artgenossen etwas mitzuteilen, was in unserer menschlichen Sprache wahrscheinlich fünf Seiten Text oder ein halbstündiges Gespräch bedeutet hätte. Die ranghöchsten Tiere machen meist das geringste Aufheben um eine Sache. Brauchen sie auch gar nicht, denn sie sind sich Ihrer Souveränität bewusst.

Oh, was für ein interessantes Gewächs!
Wollen wir doch mal kosten.
Autsch! Das piekst ja.

Sie strahlen aus, was andere sich erst mühselig erkämpfen und erarbeiten müssen – Sie sehen, es gibt unglaublich viele Parallelen zu unserem menschlichen Leben. Die ranghohen Tiere verfügen über den größten Individualfreiraum. Wer sich ihnen nähern darf, wann und bis wohin, entscheiden allein sie. Der Reiter sollte in der Beziehung Pferd-Mensch die Stelle des Herdenchefs einnehmen, über sinnvolle Bodenarbeit lässt sich das leicht erreichen. Speziell zum Thema Bodenarbeit gibt es eine Menge gute Fachliteratur, mit deren Hilfe Sie pferdisch lernen können. Denken Sie bitte jetzt nicht, das käme für Sie als Schulpferdereiter doch noch gar nicht in Frage. Was glauben Sie denn, was Lehrpferde für eine Sprache sprechen? Richtig! – Pferdisch.

Von 0 auf 100 in 3 Sekunden

Das Pferd ist ein Fluchttier, denn in der Steppe waren Pferde immer die beliebte Beute von Raubtieren. Die einzige Chance, nicht gefressen zu werden war: blitzschnell die Gefahr erkennen, reagieren und abhauen! Wenn ein Pferd sich vor etwas fürchtet, wird es auch heute noch als Erstes scheuen, umdrehen und abdüsen. Sie glauben gar nicht, wie unendlich schnell und wendig 600 kg Körpermasse werden können, wenn es darum geht, einer im Gebüsch lauernden Papiertüte zu entkommen! Als Reiter müssen Sie sich dieser Tatsache bewusst sein und lernen damit umzugehen. Um den tief verwurzelten Fluchtinstinkt des Pferdes kontrollieren zu können, müssen Sie lernen, die Führungsposition einzunehmen, also zum Herdenchef zu werden und das Vertrauen des Pferdes zu gewinnen, sodass es Ihnen selbst in vermeintlich gefährlichen Situationen blind folgt. Bis das möglich ist, werden speziell Reitanfänger, die sich noch nicht sicher auf dem Pferd halten können, in regelmäßigen Abständen Berührung mit Mutter Erde machen. Um diese Intervalle auszudehnen und die unfreiwilligen Landungen immer seltener werden zu lassen, dienen die in den folgenden Kapiteln erklärten, dem

eigentlichen Gruppen- oder Reit-Einzelunterricht vorausgehenden Übungen auf dem Pferd. Und zu Ihrer Beruhigung: Sie lernen ja das Reiten auf Pferden (hoffentlich), die es schon gewohnt sind ihre Ur-Instinkte weitestgehend zu überwinden und die speziell für diese Aufgabe, Ihnen beim Reitenlernen behilflich zu sein, ausgebildet wurden.

Oh, lass mich mal gucken!

In der angeborenen Neugier des Pferdes liegt unsere Chance. Wenn wir das Pferd oft und in entspanntem Rahmen dazu auffordern, sich mit vermeintlich schrecklichen Dingen wie Regenschirmen oder Plastikplanen auseinander zu setzen, erkennt es sehr schnell, dass diese keine Gefahr bedeuten. Betrachten Sie die Welt mit Pferdeaugen, und Sie können vorab schon einwirken. Das Pferd hat eine sehr gute Beobachtungsgabe. Werden Sie ihm ebenbürtig!

Basiswissen
Anatomie

Oft werden gravierende Fehler in der Haltung oder in der Einschätzung der Belastbarkeit des Pferdes gemacht, die schlicht und einfach auf Unkenntnis basieren.

Als angehender Reiter sollten Sie über gewisse Dinge Bescheid wissen, damit Sie bemerken, wenn etwas mit Ihrem Partner nicht in Ordnung ist.

Je mehr Sie über Anatomie und Physiologie des Pferdes wissen, desto einleuchtender sind Ihnen auch die Kriterien zur Haltung und die Anforderungen des gymnastizierenden Reitens. Und fragen Sie ruhig mal Ihren Ausbilder, wie und wo man den Puls beim Pferd fühlt und wie man am besten die Atmung kontrolliert. Löchern Sie ihn wie einen Schweizer Käse – gehen Sie neugierig an alles heran und bleiben Sie es, ein Leben lang.

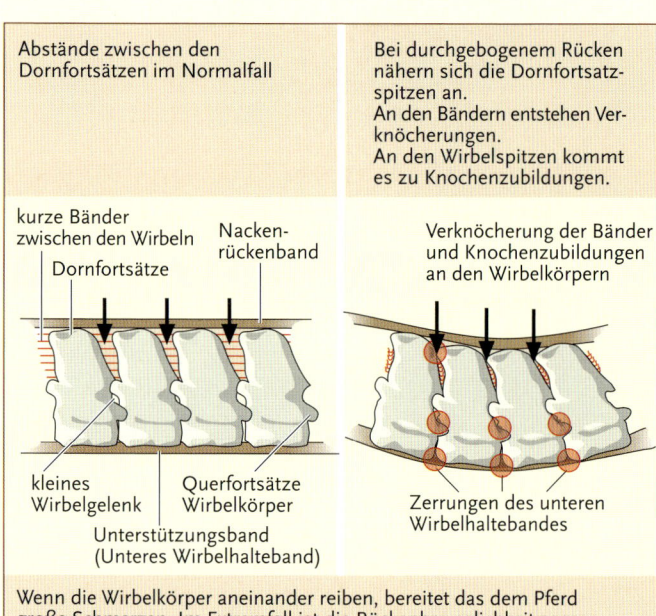

Abstände zwischen den Dornfortsätzen im Normalfall	Bei durchgebogenem Rücken nähern sich die Dornfortsatzspitzen an. An den Bändern entstehen Verknöcherungen. An den Wirbelspitzen kommt es zu Knochenzubildungen.

kurze Bänder zwischen den Wirbeln
Nackenrückenband
Dornfortsätze
Verknöcherung der Bänder und Knochenzubildungen an den Wirbelkörpern
kleines Wirbelgelenk
Querfortsätze Wirbelkörper
Zerrungen des unteren Wirbelhaltebandes
Unterstützungsband (Unteres Wirbelhalteband)

Wenn die Wirbelkörper aneinander reiben, bereitet das dem Pferd große Schmerzen. Im Extremfall ist die Rückenbeweglichkeit sogar stark eingeschränkt.

Im Blickpunkt: der Pferderücken

Das Glück der Erde liegt auf dem Rücken der Pferde! Sehr richtig. Das tut es auch. Haben Sie sich jemals gefragt, wie das die Pferde sehen?

Den Rücken Ihres Pferdes müssen Sie sich als eine mehr oder weniger frei tragende Brückenkonstruktion vorstellen, die zwi-

....

1 *Pferde fressen die meiste Zeit, zwischendurch ruhen sie. – Beneidenswert!*

2 *So sieht die »Große Maus« von hinten aus!*

....

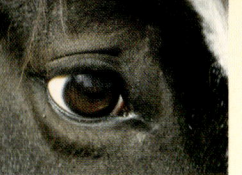

Steckbrief Pferd

+ Ein durchschnittlicher Warmblüter mit Stockmaß 160 bis 170 Zentimetern wiegt zwischen 500 und 700 Kilogramm und besitzt zwischen 40 und 50 Liter Blut.

+ Zum Winter hin wird das Haarkleid des Pferdes dichter und länger, im Frühjahr werden diese Haare wieder abgestoßen – eine Art der Wärmeregulierung.

+ Bei hohen Temperaturen, großer körperlicher Anstrengung, aber auch bei Stress und Schmerz schwitzen Pferde – besonders im Bereich des Halses und an den Flanken – stark. Die Normaltemperatur liegt zwischen 37,5 und 38,0 °C, die Herzschlagfrequenz bei ca. 28 bis 40 Herzschlägen pro Minute, die Atemfrequenz bei durchschnittlich 12 Atemzügen pro Minute.

+ Je nach Witterung, Nahrungsaufnahme und körperlicher Belastung benötigt ein Pferd etwa 40 Liter Wasser täglich. Der Magen des Pferdes ist im Verhältnis zum Darmvolumen sehr klein und ist auf die stundenlange Aufnahme von kleinen Futtermengen ausgerichtet.

+ Das Pferd ist ein Pflanzenfresser und hat 6 Schneide- sowie je 12 Backenzähne in Ober- und Unterkiefer. Die Backenzähne dienen der Zermahlung der Nahrung. Ab dem fünften Lebensjahr ist der Zahnwechsel abgeschlossen. Pferdezähne wachsen ein Leben lang.

schen Vorder- und Hinterbeinen aufgehängt ist. Diese muss stabil, ja fast starr sein, um Sie ohne gesundheitliche Schäden für das Pferd tragen zu können, und gleichzeitig elastisch, damit Sie auch in der Bewegung komfortabel sitzen können. Klingt irgendwie wie ein unlösbares Problem, nicht wahr? Ist es aber nicht. Durch die Gymnastizierung des Pferdes wird sein Rücken und die dazugehörige Muskulatur gestärkt und gleichzeitig elastisch, also biegsamer gemacht. Zu diesem Prozess können auch Sie als Anfänger durch das Bemühen um einen guten Sitz von Anfang an beitragen.

Ein optisches Indiz für einen gut bemuskelten Rücken ist die tief in die Muskelstränge eingebettete Wirbelsäule, die nicht der höchste Punkt des Rückens ist, sondern wie versenkt innerhalb der Muskeln liegt. Wenn Sie das Pech haben, in einer Reitschule zu beginnen, wo bisher kein Wert auf die Gymnastizierung der Lehrpferde gelegt wurde, tun Sie mir jetzt schon Leid. Ihr Rücken – sowie die Verlängerung desselben – werden schmerzhaft feststellen, was es heißt, auf einem verspannten, o h n e Rückenwölbung gehenden Pferd zu sitzen. Und Sie haben wenigstens die Möglichkeit zu sagen: Da geh' ich nicht mehr hin. Das Pferd hat es da nicht so einfach. Falsch gerittene Pferde können sogar schlimme und äußerst schmerzhafte Rückenerkrankungen wie z. B. die so genannten kissing spines bekommen (siehe Abbildung S. 36). Dabei nähern sich durch das Durchbiegen der Wirbelsäule die Dornfortsätze der Wirbel an oder reiben sogar aneinander. Ein so malträtierter Rücken kann nicht wirklich frohen Mutes einen Reiter tragen. Trägt ein Pferd beim Reiten seinen Kopf und Hals sehr hoch, dann biegt sich sein Rücken leider durch. Also müssen Sie lernen, was es bedeutet, ein Pferd in Dehnungshaltung zu reiten. Sie können dies gut erfühlen, wenn Sie sich auf einen blanken Pferderücken setzen und das Pferd sich unter Ihnen dehnen lassen. Sie spüren unter Ihrem Allerwertesten, wie sich die Rückenmuskulatur des Pferdes aufwölbt. Ein gut gerittenes Pferd hat genügend Stützmuskulatur aufgebaut und kann somit das Durchbiegen des Rückens ver-

hindern. Mit aufgewölbtem Rücken kann es auch den Reiter tragen, ohne gesundheitliche Schäden zu bekommen. Wenn Pferde Schmerzen haben, zeigen sie dies auch durch Unwilligkeit, Widersetzlichkeit und manchmal sogar durch wildes Bocken oder Steigen. Viele heikle Situationen könnten vermieden werden, wenn Reitschüler am Anfang der Ausbildung auch einen Anatomiekurs besuchten oder entsprechende Bücher lesen würden. Vor dem Hintergrund eines solchen Basiswissens würde kein Pferd Schmerzen leiden müssen. Machen Sie das zu Ihrem obersten Ziel !

Im Selbstversuch: Sinn der Dehnung ...

Stellen Sie sich einmal ganz normal aufrecht hin. So, nun winkeln Sie Ihre Knie ein klein wenig an und machen ein extremes Hohlkreuz und nehmen den Kopf weit in den Nacken zurück. Das allein ist über längere Perioden nicht sehr angenehm. Jetzt sollen Sie aber auch noch einen direkt hinter Ihnen stehenden Gegenstand anschauen. Ihren Kopf müssen Sie so weit es geht zur Seite drehen, um nach hinten zu schauen. Autsch! Spätestens, wenn Ihr Kinn die Schulter erreicht, ist Schluss. Wirklich sehen können Sie Ihr angestrebtes Sichtziel aber immer noch nicht.

Nun wiederholen wir den Versuch aus einer anderen Körperposition. Sie stellen sich wieder hin, diesmal aber leicht vorgebeugt, mit rund aufgewölbtem Rücken und einer gebogenen, lang ausgestreckten und runden Nackenpartie. Jetzt sollen Sie wieder den Sichttest machen. Sie dürfen und können nun die Hüften, den gesamten Oberkörper und, aus dem gedehnten Nacken heraus, Ihren Kopf so drehen, dass Sie weit über das von Ihnen angesteuerte Sichtziel hinaus sogar bis auf die andere Körperseite blicken können. Diesmal hat's bestimmt nicht weh getan.

Vorgenannter »Autsch-Fall« wird von nicht über den Rücken gerittenen Pferden in jeder Biegung verlangt – das ist sicher nicht sehr angenehm und führt bei wiederholter Anwendung zu echten gesundheitlichen Schäden.

Nur durch Dehnungsarbeit wird das Pferd körperlich befähigt, mit aufgewölbtem, locker schwingendem Rücken das Reitergewicht zu tragen und zum anderen auch noch diverse Dressurlektionen zu absolvieren.

... und vom Unsinn des eingerollten Pferdes

Ein weiterer, weit verbreiteter Reiterfehler besteht darin, den Pferdekopf mittels Zügelzug fast bis auf die Brust des Tieres zu ziehen und das ganze Debakel auch noch als »am Zügel gehen« zu beschreiben. Hier hat Hans überhaupt nicht kapiert, was man ihm als Hänschen schon hätte beibringen müssen: Ein zusammengezogenes, man nennt das in der Reitersprache auch aufgerollt gehendes Pferd, drückt den Rücken genau so durch wie eines, das Kopf und Hals zu weit oben trägt.

Kopf und Hals werden zu hoch getragen. Der Rücken ist durchgebogen und die Hinterhand tritt nicht unter den Schwerpunkt. Das führt zu Rückenproblemen.

Hier ist der Rücken schön aufgewölbt. Das Pferd dehnt sich korrekt, bei gut vortretender Hinterhand. So kann es seinen Reiter beschwerdefrei tragen.

Wird das Pferd mit Hilfszügeln oder grober Hand in eine bestimmte Haltung gezwungen, bleibt der Rücken weggedrückt und auch die Hinterhand tritt nicht unter.

Die meisten Fehler, die wir Menschen im Umgang mit dem Pferd machen, werden gar nicht absichtlich gemacht. Unkenntnis und Oberflächlichkeit sind oft schuld daran. Machen Sie sich deshalb Gedanken und versuchen Sie zumindest nachzuvollziehen, warum gewisse Körperhaltungen dem Pferd in der Arbeitssituation schaden können. Bitte denken Sie immer daran: Sie hätten auch als Pferd das Licht der Welt erblicken können.

Wer kann diesem Blick schon widerstehen?

Holzauge sei wachsam!

Durch die seitlich am Kopf positionierten und weit auseinander liegenden Augen haben Pferde einen enorm großen Sichtradius, ja fast einen Rundumblick. Lediglich direkt vor ihren Nüstern, etwa einen Schritt weit nach vorn, und unmittelbar hinter der Kruppe besteht ein toter Winkel, den das Pferd nicht einsehen kann.

Durch falsches Annähern im Bereich des toten Winkels und daraus resultierende Schreckreaktionen des Pferdes kann der Eindruck entstehen, Pferde schlagen aus, wenn man hinten an ihnen vorbeigeht. Das ist natürlich nicht so, es sei denn, dass Pferd ist verhaltensgestört. Huschen Sie aber bitte nicht still und schnell wie ein Mäuslein hinten am Pferd vorbei, sondern sprechen Sie es an, damit es nicht erschrickt. Ein freundliches »Hallo, mein Guter, ich bin's« genügt schon.

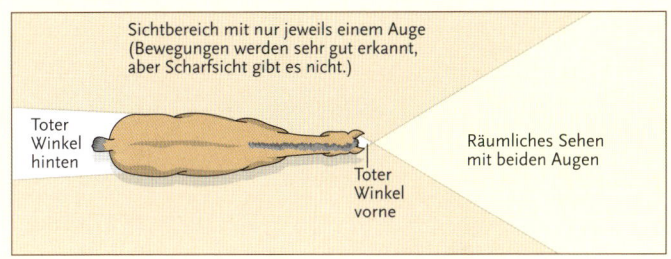

Sichtbereich mit nur jeweils einem Auge
(Bewegungen werden sehr gut erkannt,
aber Scharfsicht gibt es nicht.)

Toter Winkel hinten

Toter Winkel vorne

Räumliches Sehen mit beiden Augen

Den Pferdeaugen entgeht keine Bewegung, daraus resultiert auch ihre große Schreckhaftigkeit und Fluchtbereitschaft; dies wird noch dadurch verstärkt, dass sie nicht besonders scharf sehen und Entfernungen größtenteils schlecht einschätzen können. Nur dort, wo Pferde mit beiden Augen gleichzeitig sehen können, ist räumliches Sehen und damit auch Scharfsicht möglich. Will Ihr Pferd sich etwas ganz genau angucken, muss es deshalb seinen Kopf drehen. Lassen Sie das dann auch ruhig zu, denn wenn Ihr Pferd erkennt, um was es sich handelt, wird es auch keine Angst mehr haben.

Die diversen Sichtfelder werden von unterschiedlichen Bereichen des Gehirns gesteuert. Hierdurch taucht auch das Problem auf, dass Pferde das, was sie mit dem linken Auge beim Vorbeigehen akzeptiert haben, mit dem rechten, auf dem

Einmal
Pferd sein

+ Um die Pein nachzufühlen, die von einem groben Reiter verursacht wird, empfehle ich Ihnen folgende Übung: Senken Sie Kopf und Kinn so weit ab, dass sie Ihr Brustbein berühren. So, nun gehen Sie eine halbe Stunde joggen – wahrscheinlich werden Sie nach nicht mal zwei, drei Minuten feststellen, was für eine Quälerei das ist.

1 *Mhmmm! Leckerli als Motivation zum Dehnen. Was für eine himmlische Gymnastik.*

2 *Aufsteigen von rechts, ungewohnt – aber durchaus machbar!*

Rückweg, wieder völlig neu erfassen müssen. Also denken Sie dran, immer beide Seiten mit einzubeziehen!

Bei Dunkelheit können Pferde sehr gut sehen, und eines steht ganz sicher fest, durch die großen, sanften Augen eines Pferdes bis in seine Seele blicken zu dürfen, ist eines der größten Geschenke auf dieser Welt. Machen Sie sich dieses Geschenk und lernen Sie das Pferd zu verstehen!

Die Händigkeit

Was haben der schiefe Turm von Pisa und Pferde gemeinsam? Nein, nicht das P am Anfang, sondern die Schiefe. Das klingt jetzt ein bisschen verwirrend für Sie, denn eigentlich sind Pferde doch recht gerade und aufrechte Geschöpfe. Den Begriff der natürlichen Schiefe des Pferdes möchte ich lieber durch Händigkeit ersetzen, denn Schiefe hat so einen

negativen Beigeschmack und klingt nach Krankheit. Dabei ist sie, wie das Wort davor schon aussagt, eigentlich ganz natürlich. Wir Menschen werden als Rechts- oder Linkshänder geboren, ebenso die Pferde. Wahrscheinlich hängt das mit der eingerollten Lage des Fohlens im Bauch der Stute zusammen. Die meisten Pferde sind Linkshänder. Liegt das Fohlen nach links eingerollt im Mutterleib, ist die linke Körperhälfte also die hohle Seite. Die rechte Seite ist es gewohnt, sich vermehrt zu dehnen. Der linken fällt dies schwerer.

Daraus resultiert, dass Ihr Pferd manche Dinge (z. B. Wendungen, Biegungen etc.) auf der einen Seite besser als auf der anderen, weniger dehnungsfähigen, kann. Keine Bange. Eine Doktorarbeit müssen Sie hierüber nicht schreiben. Aber wer die Grundsätze begreift, kann mithelfen, diesem den Pferden in die Wiege gelegten Handicap entgegenzuwirken und auch die andere Körperhälfte besser zu dehnen.

Zu diesem Zweck arbeiten Sie – wenn Ihr Ausbilder das zulässt – grundsätzlich an beiden Seiten des Pferdes, ob Sie

Verräterische Mähne

✚ Manchmal ist der Fall der Mähne ein Indiz für die jeweilige Händigkeit des Pferdes, denn meist liegt sie auf der hohlen Seite.

Gehen Sie ruhig mal rechts vom Pferd.

nun den Sattel auflegen oder aufsteigen. Ob Sie es führen oder Leckerli geben. Machen Sie nicht alles von links, sondern, so oft es geht, auch von der rechten Seite. Manchmal werden Ihnen die Tücken der Technik dabei im Wege sein. So sind zum Beispiel fast alle Trensenriemen nur von der linken Seite zu schließen.

Das Führen des Pferdes von beiden Seiten ist besonders wichtig. Zum einen können Sie in die Situation kommen, einem Hindernis im Straßenverkehr nur auf einer bestimmten Seite

Tipp

+ Wenn es Ihr Ausbilder zulässt, steigen Sie von der rechten Seite auf das Pferd. – Das wird Ihnen übrigens relativ schwer fallen, weil für uns als menschliche (meist) Rechtshänder sehr ungewohnt. Probieren Sie es gerade deshalb!

Was Hufe

verraten

+ Eine asymetrische Belastung des Pferdes spiegelt sich auch in der Form der Hufe wieder.

+ Wenn sich trotz fachmännischer Korrektur über einen längeren Zeitraum keine Besserung zeigt, dann liegt das Problem wohl an einer Störung im Bewegungsapparat, die zum Beispiel durch permanent falsche reiterliche Einwirkung und/oder durch schlecht sitzendes oder fehlerhaftes Equipment verursacht wird. In diesem Fall sollten Fachleute wie Hufpfleger, Pferdeosteopath und Reitlehrer sowie Reiter eng zusammenarbeiten,. Von großer Wichtigkeit ist immer die ganzheitliche Sicht eines Problems beim Pferd.

Sabine Nakelski, Hufpflegerin
(angehende Huftechnikerin GdHK)

geführt ausweichen zu können, zum anderen gehört es zur Basis-Bodenarbeit, dass man mit einem Pferd von beiden Seiten arbeiten kann. Außer der Handling-Arbeit am Boden können Sie auch durch einen geraden, ausbalancierten Sitz sehr viel dazu beitragen, die Händigkeit des Pferdes auszugleichen. Wie Sie sehen, können auch Sie als Anfänger sehr wohl einiges bewirken, wenn man es Ihnen nur erklärt und Sie darauf aufmerksam macht. Lassen Sie also von Anfang an Sorgfalt und Umsicht walten, später wird es Ihnen sonst schwer fallen, sich umzustellen.

Die Angst des Reiters

und wie man/frau sie in **den Griff kriegt**

Angst hat jeder Reitanfänger.
Besonders Erwachsene, die sich den Traum vom
Reitenlernen erfüllen wollen, bringen häufig eine große
Portion Angst mit. Als Reitausbilder habe ich die
Aufgabe, diese Angst und ihre Ursachen durch Kommunikation und Körpersprache zu erkennen. Ich darf nicht
nur theoretisches und praktisches Wissen vermitteln,
sondern muss auch die Psyche des Reiters berücksichtigen
und speziell dem Reitanfänger Vertrauen vermitteln.

Eva-Maria Chiumento – Trainer-B-
Reiten/Tierpsychologin/NLP-Practitioner

Wissen baut Ängste ab

Kompetenzprobleme können sowohl aus dem Versuch, die Rangfolge zu verbessern, wie auch aus purer Unsicherheit des Pferdes entstehen.

Frech werden, Durchgehen, Ungehorsam unter dem Reiter sollten Grund genug für Sie sein, Ihre eigene Angst zu analysieren und unter Kontrolle zu bringen.
Die Ängste, die Sie als mit dem Pferd noch nicht so richtig vertraute Person plagen, sind wahrscheinlich folgende:
– Oh Gott, hoffentlich falle ich nicht runter und tue mir entsetzlich weh!

– Oh je, hoffentlich geht das Pferd nicht durch!
– Au weia, hoffentlich tritt mir dieser Godzilla nicht auf die Füße.
Fällt Ihnen was auf? Richtig! In allen drei Sätzen steckt die Hoffnung. Und die habe ich auch: Ich hoffe, dass Sie nach Lektüre dieses Buches, gewappnet mit allem, was Sie fürs Leben an sich und fürs Reiten im Besonderen brauchen, einen riesigen Spaß gemeinsam mit Ihrem Pferd erleben werden! Wir werden Ihre Ängste (und damit gleichzeitig auch die Ihres Pferde-Partners) schon in den Griff kriegen. Sie benötigen dazu gute Kenntnisse über Bodenarbeit und die Psyche des Pferdes. Sie müssen ein gutes Balancegefühl sowie ein exzellentes Reaktionsvermögen entwickeln. Und Sie müssen von der Pike auf Reiten lernen, um die Kontrolle über Ihren Partner nicht zu verlieren.

Chefsein kann man lernen

Die Psyche des Pferdes und die Angst des Reiters hängen unmittelbar zusammen. Das zeigt sich meist schon im täglichen Umgang, beim Aufhalftern, Führen, Anbinden, Pflegen etc.
Als Herdentier, das in einer Rangfolge eingebunden ist, wird das Pferd eventuell immer wieder mal versuchen, in der Beziehung zu Ihnen seinen Platz zu verbessern. Dieses Vorhaben kann von harmlosen Rempeleien in der Box oder am

Moment mal, Große Maus, du bist hier nicht auf der Koppel, sondern im Dienst! Also schön langsam!

Info

+ Richtig und bewusst angewandte Konsequenz ist vollkommen in Ordnung.

+ Grobheit und Wut ausleben aber ist im Umgang mit dem Pferd völlig sinnlos.

Putzplatz bis zu Beiß- und Schlagversuchen reichen, die dann wirklich nicht ohne sind! Dass Reiter manchmal Angst haben, wenn sich so ein 600-Kilogramm-Koloss vor Ihnen aufbaut, gehalten nur von einem zarten Strickchen in ihren sowieso schon zitternden Händen, ist verständlich. Deshalb ist es zu Ihrer eigenen Sicherheit oberstes Gebot, dass Sie der Boss in der Beziehung sind.

Oft reicht in den oben genannten Situationen schon das souveräne Ruhigbleiben, das Sich-nicht-beeindrucken-lassen aus und der aufmüpfige Vierbeiner schaltet einen Gang zurück. Das Pferd kann die Angst seines Reiters/Pflegers aber förmlich riechen. Und da es selbst, wie wir schon erfahren haben, ständig Schutz und Sicherheit sucht, fühlt es sich bei Ihnen, dem noch Ängstlicheren, nicht mehr geborgen und gut aufgehoben.

Das Pferd fühlt mit feinen Antennen alle Stimmungsschwankungen. Sie als Reiter oder Betreuer am Boden haben nun verschiedene Möglichkeiten, in Stresssituationen beruhigend auf das Tier einzuwirken.

Nützen Sie Ihre Stimme

Zum einen ist Ihre Stimme ein sehr effektives Hilfsmittel, da Sie, das sprechende Individuum, den täglichen Gebrauch gewohnt sind. Durch Ihre Stimmlage können Sie die gesamte Bandbreite Ihrer Gefühle ausdrücken. Sie kann leise und lie-

bevoll klingen, Lob ausdrücken oder Tadel, sie kann beruhigend wirken oder aufmunternd, natürlich auch sehr bestimmend und kompromisslos und zur Krönung sogar richtig sauer.

Stellen Sie sich vor ...

+ Sie sind mit einem Pferd auf einem Wiesenweg rund um den Reitstall unterwegs. Sie führen das Pferd, gehen also sozusagen Gassi!

+ Nun lauert also, an einem Büschchen hängend, ein kleines Stück rot-weißes Flatterband darauf, Ihr Pferd anzuspringen und es in Stücke zu reißen. – So sieht das jedenfalls unter Umständen Ihr Pferd. Sie dagegen sind völlig relaxed, da Sie noch nie von einem Flatterband angefallen wurden.

+ Allein durch Ihre ruhige Grundstimmung wird das Pferd veranlasst, seine Herzfrequenz wieder etwas herunterzufahren und nach dem Motto: »Okay, mein Mensch ist mutig, drei Schritte trau' ich mich auch noch!« ein Stückchen weitergehen.

+ Wenn Sie dieses letzte Zögern des Pferdes, Ihnen blind zu folgen, jetzt bemerken, können Sie genau in diesem Moment mit einer beruhigenden, aber kompromisslosen Ansprache, den Hebel von Orkan auf laues Lüftchen umschalten. Ein kurzes: »Du kannst das, geh ruhig weiter, ich komm mit!« reicht schon.

Sie sollten sich allerdings nicht auf das Niveau des zweibeinigen... – Sie wissen schon wer – begeben. Genau das wollen wir ja nicht.

Mit Brüllen oder Kreischen wird sowieso oft nur die Angst überspielt, und die ist für das Pferd sofort spürbar. Also, immer schön cool bleiben und klar, unmissverständlich, freundlich und direkt rüberbringen, was Sie meinen – dieses Verhalten sollte im Übrigen nicht nur auf den Umgang mit dem Pferd beschränkt bleiben. –

Ein wichtiges und auch für Anfänger gut zu erkennendes Merkmal für Gefahr im Verzug ist das fühlbare Versteinern

Salzsäule – kurz vor der Explosion!

der Pferdemuskeln. Ahnt Ihr Pferd nichts Gutes, wird es förmlich zur Salzsäule erstarren. Es aus dieser Stimmung herauszubringen ist dann Ihr Job, denn plötzlich explodierende Salzsäulen sind wirklich nicht angenehm! Hat sich die Situation beruhigt, dann werden Sie ein deutliches Entspannen der Körperpartien des Pferdes erkennen. Jetzt wird es Ihnen auch wieder folgen, ein bisschen windschief vielleicht und noch mit ein wenig Hinschielen, aber es geht weiter.

Sprechen Sie mit dem Pferd!

Lassen Sie sich bitte niemals und von niemandem einreden, Sie bräuchten mit einem Pferd nicht zu sprechen, denn diese würden ja untereinander auch nicht reden. Das stimmt sowieso nur bedingt, da Pferde durchaus ein großes Repertoire an Lautgebung haben und sehr mitteilsam sein können. Wichtig für Sie ist vor allem, dass Sie als Mensch mit dem Gebrauch der Stimme so vertraut sind und diese daher ein sehr einfaches Kommunikationsmittel für Sie darstellt. Grundsätzlich brauchen Sie vor Pferden keine Angst zu haben. Höchstens, und das ist auch gar nicht verkehrt, einen gewissen Respekt.

Wenn sie Ihre Stimme als Hilfsmittel einsetzen, achten Sie darauf, für bestimmte, stetig wiederkehrende Aufforderungen auch immer dasselbe Wort, oder dieselbe Wortfolge zu verwenden. Es wäre doch sehr anmaßend, vom Pferd auch noch zu verlangen, dass es mehrere Fremdsprachen lernt. Für Ihre allernächste Zukunft als beginnender Reitschüler heißt das: Die Ohren offen behalten, um mitzubekommen, wie denn nun dort, an Ihrem Reitstall, die Pferde angesprochen werden. Für später, falls Sie mal ein eigenes Pferd haben möchten, bedeutet das, sich klar zu werden über einen kontinuierlich zu verwendenden Wortschatz.
Ein weiteres sehr nützliches Hilfsmittel zur Kommunikation mit dem Pferd ist Ihre eigene Atmung. Hierzu gibt's jetzt vorab nur eine kurze Erklärung, da ich darauf in den Praxisbeispielen noch näher eingehen werde: Genauso sensibel, wie Pferde auf Stimm- und Stimmungsschwankungen reagieren, können sie auch wahrnehmen, ob der Reiterkörper sich verändert. Und das – das ist jetzt nicht übertrieben – erkennen sie am leisesten Atemhauch, wenn Ihnen im wahrsten Sinne des Wortes der Atem stockt oder Sie die Luft anhalten. Schon mal zum Üben für Sie: Je gezielter Sie Ihre Atmung beherrschen, desto leichter lernen Sie reiten.

Tipps

+ Bei den Gangarten hat es sich bewährt, zweisilbige Worte zu wählen, also Sche-ritt und Te-rrab statt Schritt und Trab. Das ist für das Pferd so eine Art Vor-Aufforderung und dient dem Aufmerksammachen. Einige Ausbilder empfehlen, vor das eigentliche Stimmkommando zum Beispiel ein »und jetzt« – Scheritt oder »pass auf« – Terrab zu setzen. Sie sollten ausprobieren, was speziell Ihnen besser liegt und worauf Ihr Pferd positiv reagiert.

+ Und noch eins: Verwenden Sie zum Auffordern und Aufmerksammachen immer helle, kurze, knapp gesprochene Laute. Zur beruhigenden, verhaltenden Wirkung Ihrer Stimme wählen Sie eine lang gezogene, dunkle Tonlage.

Ruhig bleiben!

Zusammenfassend für alle Gefahrsituationen gilt: Bleiben Sie ruhig und souverän, lassen Sie sich von eventuell bei Ihrem Pferd aufkeimender Panik nicht anstecken. Bemühen Sie sich konzentriert und überlegt zu handeln.
Eignen Sie sich so viel Wissen wie möglich an, schulen Sie Ihre Beobachtungsgabe, Ihr Wahrnehmungsvermögen. Wenn sie wissen, womit Sie rechnen müssen, werden Sie leichter damit klarkommen als mit faustdicken Überraschungen.
Lassen Sie sich nicht entmutigen. Sie werden gar nicht (oft) vom Pferd fallen, weil Sie eine gute Basis schaffen, und die meisten Stürze enden nur mit ein paar blauen Flecken und zwei sehr verdutzten Gesichtern.

Keine Angst – Sie schaffen das schon!!!

Kennenlernen von
Pferden, Trainern und Mitreitern

Das erste Date in Ihrer Reitschule sollte in ganz ungezwungener, entspannter Atmosphäre stattfinden und mit der eigentlichen ersten Reitstunde noch gar nichts zu tun haben.

Wichtige Dinge sind im Vorfeld zu klären, sicher werden Sie auch sehr viele Fragen haben. Deshalb haben Sie, wie Ihnen der Reitlehrer mitteilte, mit drei weiteren Einsteigern heute Ihren »Schnüffeltag«.

Alle gemeinsam machen es sich dann im Reiterstübchen bequem und der Trainer stellt sich Ihnen vor. Nun sind Sie dran, jeder Reitschüler erzählt kurz, warum er da ist und welche Vorkenntnisse er hat. Dann werden die psychologischen Aspekte des Reitenlernens angesprochen, jetzt ist Selbsterkenntnis gefragt. Jeder von Ihnen soll versuchen, seine eigenen Schwächen und Stärken zu nennen. Nicht wundern! Diese Fragen dienen nicht der Neugierbefriedigung aller anderen Teilnehmer, sondern der optimalen Zusammenstellung des Pferd/Reiter-Teams.

Jemand, der sehr ängstlich und nervös ist, sollte zu Beginn ein ausgesprochen ruhiges Lehrpferd zugeteilt bekommen. Umgekehrt kann sich eine sehr selbstbewusste Person durchaus zutrauen mit einem etwas lebhafteren Pferd Freundschaft zu schließen.

Nachdem die zukünftigen Teams ausgiebig besprochen wurden, erklärt Ihr Ausbilder Ihnen nochmals den Ablauf der ersten Trainingseinheiten. Sie können sich mental auf diese Erfahrung vorbereiten und kommen schon sehr viel gelassener zu Ihrem »richtigen« ersten Reitunterricht an.

Blinddates unerwünscht

Dann werden Ihnen die Pferde vorgestellt, denn Sie müssen ja wissen, mit wem Sie es zu tun haben. Der Ausbilder geht mit Ihnen gemeinsam zu jedem in Frage kommenden Pferd. Wenn es zwischen ihnen funkt, sagt er auch o.k. Lachen Sie nicht, die Chemie muss stimmen, und gerade für Ihren Einstieg oder Neubeginn sollten alle Voraussetzungen so günstig wie nur irgend möglich sein. Sympathie zwischen Pferd und Reiter ist genauso wichtig wie zwischen Ihrem Ausbilder und Ihnen. Das ist wie mit einem guten Friseur – der eine schwört auf ihn, der andere verteufelt ihn.

Sie alle haben nun Gelegenheit, Ihre mitgebrachten Bestechungshappen gerecht an die gesamte Pferdemannschaft zu verteilen. Nun bleiben Sie noch ein Stündchen hier und sehen sich alles in Ruhe an. Gleich sind Reitstunden, da können Sie vielleicht schon was abgucken.

Sie wissen nun, welches Pferd Sie bekommen, wie es heißt und was für Eigenheiten es hat. Sie wissen auch, dass Sie es die ersten Wochen fest behalten dürfen, denn gerade ganz am Anfang ist es wichtig, dass sich ein gegenseitiges Vertrauensverhältnis aufbaut.

Wenn Sie dann nächste Woche wiederkommen, geht es richtig los. Aber dann wissen sie ja schon, wie es läuft und gehören bereits dazu. Viel Spaß!

Gemeinsam sind wir unschlagbar

Nicht nur die Pferde, auch Ihre Mitreiter werden dieselben bleiben, denn das Lernen fällt in einer kleinen, konformen Gruppe leichter. Dies ist wesentlich sinnvoller als ziemlich

anonym in eine schon größere Schar von Reitschülern zu stoßen, die sich alle auf irgendeinem unterschiedlichen Leis-
tungsniveau befinden. So entwickelt sich ein größeres gegenseitiges Vertrauen, gegenseitige Hilfestellungen fallen so
nicht schwer.

Viele Reiter haben dieses Glück leider nicht, sondern werkeln
relativ einsam vor sich hin. In manchen Ställen ist es fast verpönt, einen Mitreiter etwas zu fragen – die eigene Unzuläng-
lichkeit könnte ja so offensichtlich werden, frei nach der Devise: »Wer fragt, ist dumm.«

Mit unserer Methode lernt die Gruppe von Gleichgesinnten,
sich gegenseitig zu helfen.

Alle Handgriffe werden dadurch aus jeder Position geübt. Mal
ist man Reiter, mal Pfleger oder Betreuer, mal führende und
mitlaufende Person, mal Stangen- und Tonnenschlepper und
manchmal auch einfach nur der Seelentröster und Reiter-
kamerad. Die Beobachtungsgabe aller Schüler wird somit
ganz effektiv gefördert. Es ist schön mitzuerleben, wie selbstverständlich bereits nach kürzester Zeit folgende Kommen-
tare zu hören sind: Turner sagt zu Pferdehalter: »Du, richte
mal das Halfter gerade, es sitzt unserem Amor so schief im
Genick.« – Gut beobachtet. Erkennen Sie den Sinn des Ganzen? Jeder hat »seine« Aufgabe in diesem Team. Man achtet
aufeinander und gibt sich gegenseitig Denkanstöße.

Als kleine Gruppe kann man auch ein wesentlich breiter ge-
fächertes Spektrum an Übungen absolvieren. Denn mit mehreren Anfängern hoch zu Ross einen Spaziergang zu veran-
stalten, zu turnen oder Führübungen zu machen, ist für den
Stallbetreiber aus Personalkostengründen meist finanziell
nicht zu schaffen. Also ist es doch viel besser, wenn die Schüler sich untereinander helfen und dabei noch eine ganze
Menge mehr lernen als üblich.

Die Mitglieder solcher Gruppen teilen sich später nicht selten
ein Pferd, denn man hat ja schließlich Freud und Leid geteilt –
eine schöne Basis für das ganze weitere Reitvergnügen. Wohl
dem Pferd, das bei solchen Menschen ein Zuhause findet.

Na, Midi, meinst Du, wir zwei sollten es mal
miteinander versuchen?

Halftern, Putzen und Co.

Die Art und Weise, wie Sie Ihr Pferd schon beim Aufhalftern und Pflegen einstimmen, entscheidet oft über gelungene oder nicht gelungene Reitstunden.

Wenn Sie schon lustlos oder gar zornig auf das Pferd zugehen, es ruckzuck und mürrisch überbürsten, im Eilverfahren den Sattel draufschmeißen und zur Krönung auch noch das Gebissstück beim Auftrensen unsanft gegen seine Zähne schlagen, brauchen Sie nicht zu glauben, das Pferd hätte noch große Lust Sie durch die Gegend zu schleppen. Wie man in den Wald hereinruft, so schallt es auch heraus.

Das beliebte Hasch-mich-Spiel

Es macht einen großer Unterschied, ob Sie Ihr Pferd von der Weide holen müssen oder aus der Box heraus, denn es gibt ein paar ganz ausgebuffte Kandidaten, die zwar nie bösartig werden, aber einem Anfänger ganz gern seine Grenzen zeigen, wenn die Situation es zulässt. Es gehört schon eine gewisse Souveränität dazu, um selbstverständlich auf das Pferd zuzugehen und unmissverständlich zum Ausdruck bringen zu können: Mit dir möchte ich jetzt reiten, mein Freund. Einige Lehrpferde sind bei Unsicherheit geneigt, mal ein Späßchen zu machen. Sie nehmen gern und spontan das mitgebrachte Leckerli, bedanken sich auf ihre Art mit einem freundlichen Stups in den Bauch und – drehen sich dann wieder um und gehen. Nicht selten hinterlassen sie dann einen völlig ratlosen Anfänger, der nicht weiß, was zu tun ist. Deshalb sollte immer eine erfahrene Person dabei sein, wenn Lehrpferde von der Koppel geholt werden müssen.

In der Box geht's leichter

Lassen wir Sie also, der Einfachheit halber, mit dem Aufhalftern des Pferdes in der Box anfangen. Sie öffnen die Tür und sprechen es mit ein paar freundlichen Worten an. Nun ist das Pferd auf Sie aufmerksam geworden. Es wird seinerseits freundlich die Nase zu Ihnen strecken, um an Ihnen zu schnüffeln. Mit ruhigen, bestimmten Bewegungen streifen Sie nun dem Pferd das nicht verdrehte Halfter über den Kopf.

....

Ups, Schnecke, ist deine Nase groß!

....

Tipp

+ Das Halfter soll aus breiten Leder- oder Nylonriemen bestehen. Dünne Halfter können, falls das Pferd angebunden in Panik gerät und mit dem vollen Gewicht im Halfter hängt, schwere Verletzungen verursachen.

Falls der Anbindestrick schon in den Halfterring eingeschnallt ist, lassen Sie ihn bitte nicht einfach auf den Boden baumeln, sonst könnte das Pferd darauf treten und dadurch sich selbst gleich mal einen heftigen Ruck ins Genick geben. Manche Halfter haben am Genickriemen eine Schnalle. Das ist sehr gut, weil so beim Überstreifen die empfindlichen Pferdeohren nicht geknickt werden. Anfänger bevorzugen meist Halfter, die nur eine Verschlussschnalle am Kehlriemen haben, die sind schnell über die Ohren geschoben.

Bitte gehen Sie sanft und mit viel Fingerspitzengefühl vor. Ein Pferd, das sehr kopfscheu ist, sollte nur von einer erfahrenen Person aufgehalftert und aufgetrenst werden, da sich dieses Problem sonst verstärken würde.

Achten Sie darauf, dass das Halfter nicht zu eng ist, alle Schnallen korrekt geschlossen sind und das Halfter nicht zu tief auf der Nase und nicht zu hoch über dem Jochbein sitzt. (siehe Abbildung). Wenn Sie fertig sind, führen Sie Ihr Pferd aus der Box heraus zum Putzplatz und binden es dort an.

Mit und ohne gordischen Knoten

Richtiges Anbinden ist ein Garant für die Sicherheit von Pferd und Mensch, dadurch können schon im Vorfeld viele Verletzungsmöglichkeiten ausgeschlossen werden.

Binden Sie Ihr Pferd niemals an beweglichen Teilen an. Es ist schon vorgekommen, dass ein Pferd in Panik die Stalltüre, an

Ein Spezial-
knoten

+ Zum Anbinden verwendet man einen speziellen Sicherheitsknoten, an dessen Ende Sie nur kurz ziehen müssen, um ihn bei Gefahr schnell aufzubekommen. Diesen Knoten binden Sie folgendermaßen: Das Strickende wird um den Pfosten oder durch den Eisenring geschlungen, mit dem Rest bilden Sie eine Schlaufe, die Sie nun von hinten um den Strick legen. Dann bilden Sie erneut eine Schlaufe und fädeln sie durch die erste, dann wieder eine, die fädeln sie durch die zweite Schlaufe usw. bis zum Strickende. Ziehen Sie nun daran, geht der Strick sofort auf. Der Knoten ist nicht schwer zu lernen, Sie werden sehen, nach zwei oder drei Versuchen können Sie es.

Nicht nur beim Segeln wird geknotet.

der es angebunden war, herausgerissen hat. Meist gibt es extra zu diesem Zweck in die Wand eingelassene Eisenringe. Wenn nicht, unbedingt einen fest eingelassenen Pfosten, eine Stallwand o. ä. wählen.

Das Pferd darf nicht zu lang angebunden werden, da es sonst über den Strick tritt, sich verheddern und dadurch wieder in Panik geraten kann. Zu kurz und zu hoch dürfen Sie es ebenfalls nicht anbinden. Ersteres kann Panik hervorrufen, Letzteres ist nicht gesund für den Pferderücken, da er sich dann durchbiegt.

Falls Sie Ihr Pferd neben anderen Stallgenossen anbinden müssen, dann achten Sie bitte auf einen Sicherheitsabstand. Gibt es Streitigkeiten, könnten sich erstens diese verletzen, unter Umständen erwischt Sie selbst am Allerwertesten ein herzhafter Biss, der eigentlich dem Nachbarn zur linken gegolten hätte.

So, nun haben Sie sich davon überzeugt, das alles stimmt. Prima. Jetzt heißt es die Ärmel hochkrempeln und mit viel Elan und dem vorher aus der Sattelkammer geholten Putzzeug ans Werk zu gehen.

Vorsicht Roland! Schmuse-Attacke!

Tipp

+ Haben Sie einmal wirklich nicht viel Zeit, dann beschränken Sie sich auf das Wesentliche und säubern die Hufe und die Sattellage, statt hektisch zu putzen verabreichen Sie lieber ein paar kurze Streicheleinheiten zum Trost für die fehlende Zeit.

Putzen und viel mehr

Die Pflege des Pferdes dient nicht nur der Säuberung, als vertrauensbildende Maßnahme ist sie vielmehr unerlässlich für ein positives Miteinander von Pferd und Reiter. Schließlich kann man Fellpflege im Herdengefüge nur bei Tieren beobachten, die sich »gut riechen« können.

Daneben wird auch die Durchblutung angeregt und der Pferdekörper auf eventuelle Verletzungen abgesucht. Und die angenehme Grundstimmung, die durch diese umfassende Pflege geschaffen wurde, lässt sich hoffentlich auch auf die spätere Arbeit übertragen.

Sie können beim Putzen feststellen, an welchen Stellen des Körpers Ihr Pferd sich besonders gern und an welchen weniger gern berühren lässt. Erstere Stelle nutzen Sie, um »gut Wetter zu machen«, um das Pferd also positiv einzustimmen. Manchmal kommt es vor, dass ein Pferd vor lauter Wonne den Kopf ganz schief hält und die Unterlippe verzieht. Dann brauchen Sie nicht um Hilfe zu rufen, dem Pferd geht es nicht schlecht – eher im Gegenteil.

Körperpartien, die es nicht so gern berühren lässt, könnten Sie trotzdem sanft massierend immer wieder mit einbeziehen, dafür wird Ihnen der Tierarzt, der hier vielleicht einmal etwas behandeln muss, dankbar sein.

Körperpflege leicht gemacht

Wenn Sie Ihr Pferd ausgiebig putzen, fangen Sie vorn am Hals an und arbeiten sich mit kreisenden Bewegungen nach hinten bis zur Kruppe durch. Diese Massage dient erst mal dazu, den Schmutz im Fell zu lösen oder verklebte Stellen aufzurauen. Sehr sinnvoll sind dafür so genannte Igelstriegel mit kleinen biegsamen Plastikborsten. Mit diesen können Sie auch die knochigeren Partien an den Beinen und am Rücken reinigen. Gehen Sie bitte dort aber besonders behutsam vor, denn hier sind Pferde sehr empfindlich. Großflächige Körper-

partien sollte man schön feste durchmassieren, das gefällt dem Pferd besser, als wenn Sie es ultraleicht berühren. Manche Pferde assoziieren diese hauchfeine Berührung nämlich mit dem Landen einer Fliege auf ihrem Körper, und diese wird auch als lästig empfunden.

Wie sanft oder stark Sie massieren und putzen, bleibt ein wenig auch Ihrem Gespür und Ihrer Beobachtungsgabe überlassen. Eine starre Gebrauchsanweisung gibt es in diesem Fall nicht, denn Pferde sind Lebewesen und jedes reagiert anders. Aber Sie können wieder einmal wunderbar Ihre Beobachtungsgabe schulen, wenn Sie Acht geben, was Ihrem Pferd gefällt und was nicht. Wenn Sie es richtig machen, werden Sie meist beobachten, wie sich das Pferd zunehmend

Suheila liebt die weiche Bürstenmassage ganz besonders, wenn Steffi am Werk ist.

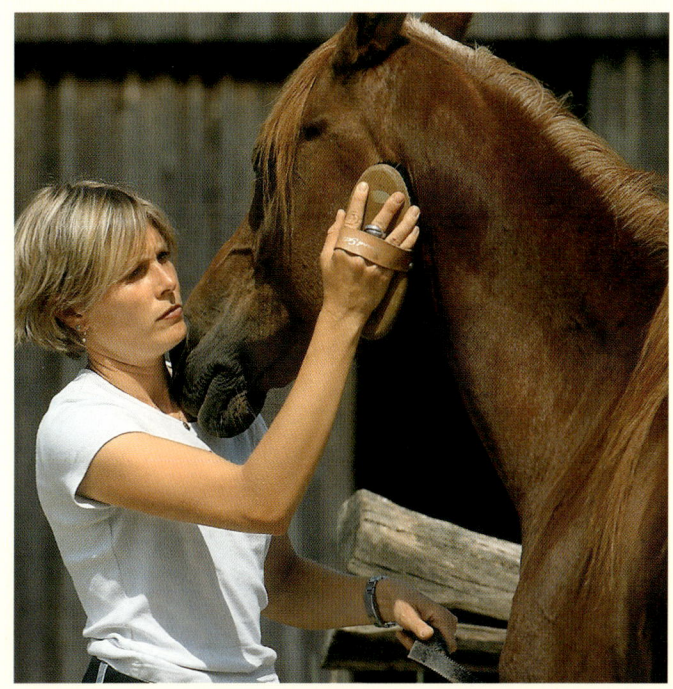

Mit dieser Technik klappt auch das Auskratzen der Hinterhufe ganz leicht.

behutsam. Ist dem Pferd Ohrenberührung als angenehme Streicheleinheit bekannt, wird es sich auch beim Halftern und Trensen sicher nicht sträuben, wenn Sie die Riemen über die Ohren schieben.

Schweif und Mähne sollten weitestgehend in Ruhe gelassen werden. Bei ständigem Bürsten verlieren die Pferde zu viel Langhaar, das nur sehr langsam nachwächst. Sie brauchen es aber zum Schutz gegen Insekten. Hin und wieder ist eine Schweifwäsche daher angebrachter. Das stimmen Sie als Reitschüler aber bitte vorher mit den Pferdebesitzern ab. Es reicht meist aus, wenn Sie Strohhalme oder groben Schmutz herauslesen.

Der Popo des Pferdes sollte ebenfalls von Zeit zu Zeit mit einem Schwamm gereinigt werden. Nehmen Sie bitte aus hygienischen Gründen einen separaten Schwamm.

Zeigt her eure Füße

So, nun noch die Hufe auskratzen und dann sind Sie fertig. Aha, davor haben Sie etwas Furcht? Muss nicht sein. Die Pferde, mit denen Sie es als Anfänger zu tun haben, sind sehr brav und heben die Füße fast von allein, denn sie wissen, was von ihnen erwartet wird.

Wir üben am linken Vorderbein des Pferdes. Sie stehen seitlich neben der Pferdeschulter und streichen mit Ihrer Hand langsam vom Ellbogen des Pferdes aus abwärts bis zur Fessel. Bei manchen Pferden brauchen Sie auch nur mit dem Finger den Fuß antippen, und sie heben ihn hoch. Auch hier gilt wieder: Die Dosierung finden Sie selbst heraus, indem Sie mit der feinsten Möglichkeit anfangen. In jedem Fall ist zu empfehlen, gleichzeitig Ihre Stimme zu benutzen und zum

entspannt. Der Kopf wird sich senken, es steht ganz ruhig und atmet gleichmäßig. Manchmal geht die Entspannung sogar so weit, dass es die Augen halb schließt und gemütlich ein Nickerchen macht, während Sie sich mit Mist- und Schmutzkrusten abplagen.

Nach dem Lösen des Schmutzes kommt das Ausbürsten aus dem Fell. Mit einer Bürste fahren Sie in langen, gleichmäßigen Bewegungen in Fellrichtung am Pferdekörper entlang. Säubern Sie die Bürste hin und wieder durch Abstreichen am Striegel. Das Fell wird nun nicht nur von Staub und Schmutz befreit, es glättet sich auch und fängt an zu glänzen.

Den empfindlichen Pferdekopf säubern Sie bitte nur mit einer extra weichen Bürste oder einem Fellhandschuh. Achten Sie darauf, dass Sie nicht planlos an den Ohren herumschrubben, sondern behandeln Sie besonders diese sehr sanft und

Zeit für...

✚ Nutzen Sie ruhig die Pflegezeit für ein erstes Plauderstündchen mit Ihrem Partner Pferd. Erzählen Sie ihm Ihre Bedenken und Sorgen oder teilen Sie ihm Ihre Ängste vor den ersten Reitstunden mit. Verblüfft werden Sie feststellen, dass das Tier Sie ganz ruhig ansieht und es gut tut, sich mal so allen Kummer von der Seele zu reden. Pferde sind wunderbare Zuhörer, und die besseren Menschen sind sie allemal!

Na prima, kein Steinchen im Huf.

Beispiel zu sagen: »Gib Fuß«. Ebenso wäre es sehr nett, wenn Sie das Pferd mit einem freundlichen »Setz ab« vorwarnen, wenn Sie den Huf wieder absetzen wollen. Hinten machen Sie es ähnlich. Sie stehen seitlich am Pferdebein und streichen hinab oder tippen an, setzen Ihre Stimme ein und legen das nun hochgenommene Pferdebein auf Ihren Oberschenkel.

Erschrecken Sie nicht, wenn das Pferd seinen Fuß nun vielleicht erst einmal etwas mehr hochzieht, als es nötig ist, oder gar ganz lang nach hinten herausstreckt. Das sind zum Teil Streck- und Dehnreflexe und auch Pferde haben manchmal, zum Teil sogar schon in jungen Jahren, mit leichter Arthrose zu kämpfen. Bitte kämpfen Sie deshalb nicht wild mit dem Pferdebein, sondern halten es locker fest, folgen seiner Bewegung und – siehe da, Sie können das Bein danach ganz ruhig auf Ihrem Oberschenkel platzieren.

Säubern müssen Sie nun mit einem speziellen Hufkratzer die Strahlfurchen, das sind die Vertiefungen um den dreieckigen Strahl herum und die Hufsohle. Hier könnten sich Steinchen festgesetzt haben, die beim Laufen drücken oder gar Hufge-schwüre verursachen können, wenn Sie im Huf weiter heraufwandern. Gehen Sie behutsam mit dem Metallteil des Hufkratzers um, damit Sie den Huf nicht verletzen. Bei Ihren ersten Versuchen ist ein Ausbilder zugegen und wird Ihnen die entsprechenden Erklärungen geben.

Satteln

Ein gut liegender und selbstverständlich auch gut passender Sattel verteilt das Reitergewicht gleichmäßig auf dem Pferderücken und bietet dem Reiter Halt.

Daher ist es auch für Sie als Anfänger sehr wichtig, etwas über Passform und ordnungsgemäße Handhabung zu wissen. Gesattelt wird vor dem Trensen, da das Pferd ja noch schön brav am Putzplatz steht. Bitte werfen Sie vor dem Satteln einen kurzen Blick unter die Satteldecke. So schließen Sie aus, dass dort festsitzende Strohhalme oder ähnliches den Rücken Ihres Pferdes aufscheuern können. Schlimmstenfalls bringen pieksende Halme das Pferd sogar zum Buckeln.

In der Ruhe liegt die Kraft

Der Sattel selbst sollte ordentlich vorbereitet sein, das heißt, die Steigbügel sind hochgeschoben und können nicht rut-

ACHTUNG! Achtung

+ Der Schwerpunkt des Sattels sollte ungefähr in Höhe des dreizehnten Brustwirbels liegen (ca. eine Handbreit hinter dem Widerrist). Dies ist auch der Scheitelpunkt beim Aufwölben z. B. im Galopp. Achten Sie beim Absatteln auf trockene Stellen im Bereich der Sattellage (Druck) und schauen Sie sich auch die Satteldecke von unten an. Die Einfärbung durch Fellabrieb und Staub sollte gleichmäßig sein.

+ Jede Widersetzlichkeit beim Sattelauflegen oder Gurten ist immer ein aktuelles Problem.

+ Haben Sie den Sitz des Sattels überprüft, bleiben als mögliche Ursachen nicht korrekte Reitweise und/oder Störungen des Bewegungsapparates.

Kalle Rehm, Pferdeosteopath (DIPO) und Physiotherapeut

Der Sattel wird vor dem Widerrist aufgelegt und dann nach hinten in die Sattellage gezogen.

schen. Der Gurt liegt über dem Sattel oder ist durch einen Steigbügel geschoben. Das ist sehr wichtig, denn empfindliche Pferde können sich sehr erschrecken, wenn Ihnen plötzlich ein Steigbügel oder der Gurt um die Beine baumelt.

Auch Sie selber können sich ziemlich weh tun, wenn Ihnen ein Steigbügel beim Hochschwingen des Sattels ins Gesicht schlägt.

Sie stehen seitlich neben dem Pferd, auf welcher Seite bleibt Ihnen überlassen – denken Sie an die Händigkeit. Streichen Sie nun mit der flachen Hand den ganzen Pferderücken ab. Erstens können Sie so am ehesten noch vorhandene Dreckbrocken oder Knoten im Fell entdecken, die auch zu Satteldruck führen können. Zweitens bereiten Sie das Pferd damit sanft und in angenehmer Form auf das Satteln vor. Nun legen Sie den Sattel hoch über und vor dem Widerrist des Pferdes auf und ziehen ihn in Fellrichtung nach hinten in die Sattellage. Sie merken, wenn es passt, denn der Sattel liegt hier wie angegossen. Er sitzt nun mit seinem tiefsten Punkt über dem Schwerpunkt des Pferdes, Schulter und Nierenpartie bleiben frei. Sollten Sie den optimalen Punkt mal nicht erwischen, bitte nicht nach vorn ruckeln, sondern wieder neu auflegen und mit der Fellrichtung an seinen Platz ziehen, sonst kann es durch die unter dem Sattel reibenden Haare auch zu Satteldruck kommen. Prüfen Sie jetzt, ob die Satteldecke gerade und gleichmäßig unter dem Sattel liegt, sie darf nicht über dem Widerrist spannen, Sie müssen sie gut einkammern, das heißt, mit der Hand vom Pferd weg nach oben in die Sattelkammer ziehen. Schlüpfen Sie unter dem Pferdehals durch auf die andere Seite und prüfen Sie die Lage von Decke und Gurt auch hier. Dann nehmen Sie den Gurt vorsichtig herunter, achten darauf, dass er dabei nicht an die Pferdebeine

schlägt und schauen Sie unter den Sattelblättern nach, ob die Gurtstrupfen auch nicht verdreht sind.

Für das Angurten gilt: Sehr sachte und immer nur so viel, dass der Sattel nicht mehr rutschen kann; jetzt soll sich das Pferd erst eine Weile an die Last auf seinem Rücken gewöhnen. Und auch dann nicht gleich völlig festzurren, sondern nach und nach ein Loch mehr. Richtig wäre es, wenn Sie trensen und mit dem fertig gerichteten Pferd ein paar Schritte laufen und erst dann wieder nachgurten, zum Beispiel auf dem Reitplatz angekommen, denn die Bewegung entspannt das Pferd. Der Gurt sollte etwa eine gute Handbreit hinter dem Ellenbogengelenk des Pferdes liegen.

Damit beim Gurten keine Hautfalten gequetscht werden, kann man ein Pferd sehr schön zum Stretching animieren, dabei glättet sich die Haut dann selbst. Ihr Pferd wird es Ihnen danken, wenn Sie beim Satteln sorgfältig vorgehen und es wird Sie völlig ruhig und ungestört Ihre Sattelarbeiten machen lassen. Genau diese wunderbare Ruhe und die Entspanntheit behalten Sie jetzt bitte beim Auftrensen bei.

Entspannende Bauch-
massage

+ Pferde können sehr empfindlich reagieren, wenn es um das Angurten geht. Aus der TTEAM-Methode gibt es eine hervorragende Übung zur Entspannung, die sich »Das Lecken der Kuhzunge« nennt: Mit fünf Fingern und dem Handballen streichen Sie dabei von der Mitte des Bauches nach oben, das wiederholen Sie mehrmals. Vielen Pferden gefällt es und sie entspannen sich mehr, wenn danach gegurtet wird.

Trensen

Korrektes Satteln und Trensen will
gelernt sein. Speziell am Anfang
sollte auch unbedingt Ihr Ausbilder
zugegen sein.

Problematische Pferde sollten ausschließlich von einem Ausbilder oder einer anderen, sehr erfahrenen Person gesattelt
und getrenst werden. Also seien Sie nicht zerknirscht, wenn
es mal heißt: »Den Amigo richte ich lieber selber!«

Im Allgemeinen wird in Reitschulen heutzutage sehr häufig
das englische oder das kombinierte Reithalfter benutzt. Letzteres dient vor allem dazu, das Trensengebiss im Pferdemaul
ruhig zu halten. Für das Pferd ist das, in der Arbeit mit Reit-
einsteigern, angenehmer. Anfänger können ihre Hände noch
nicht Sitz unabhängig bewegen. Da kann es ungewollt schon
einmal zu ein paar Ruckern im Maul kommen. Liegt das Gebiss dann etwas fixierter, ist es von Vorteil für das Pferd.
Später, wenn Sie fein und gezielt mit Ihren Händen umgehen
können, dürfen Sie getrost auf das Einschnallen des Sperr-
Riemens verzichten. Da die Kautätigkeit des Pferdes von großer Bedeutung für seine Losgelassenheit ist, macht es auch
gar keinen Sinn, Pferdemäuler zuzuschnüren. Beachten Sie
deshalb am Anfang Ihrer Reiterlaufbahn folgendes: Fixieren,
bis Sie sicher Ihre Hände benutzen können ist o.k., aber ja
nicht festzurren! Für die daran befindlichen Riemen sollten
Sie sich als Faustregel merken: Zwischen Nasenbein und -rie-
men müssen zwei Finger passen und in den geschlossenen

Bitte benutzen Sie jedes Gebiss gefühlvoll!

GEBISSE.
Gebisse

+ Auch maulfreundliche, angenehme Gebissstücke können in der Hand eines gefühllosen Reiters zu Folterin-
   strumenten werden.

+ Dagegen wird die Kandare in der Hand eines Könners
   wie das Streicheln einer Feder wirken.

Kehlriemen sollten Sie problemlos eine aufrechte Hand stellen können. Bitte denken Sie auch daran, nach dem Trensen das Pferd niemals am Gebiss anbinden, wenn Sie noch etwas erledigen müssen. Wenn es erschrickt und steigt, läuft es so Gefahr, sich stark zu verletzen.

Bei diesen Zäumungen gehen Sie folgendermaßen vor: Zuerst lösen Sie das Halfter und streifen es über den Kopf nach hinten um den Hals des Pferdes. So ist Ihr Pferd immer noch angebunden und Sie können in Ruhe beginnen. Sortieren Sie erst mal alle Riemen und legen dann die Zügel über den Pferdekopf auf den Hals.

Das spätere Abtrensen sollte genauso sorgfältig erfolgen. Auch dabei müssen Ihre Bewegungen ruhig und bedächtig sein, das Gebiss darf nicht gegen die Zähne schlagen. Sie dürfen das Kopfstück keinesfalls von den Ohren herunterzerren, sondern vorsichtig mit beiden Händen am Genickstück über die Ohren schieben und langsam am Nasenrücken heruntergleiten lassen. Die Zügel lassen Sie dabei über dem Pferdehals hängen, so kann niemand hineintreten und Sie haben das Pferd auch ohne Kopfstück noch unter Kontrolle.

Tipps

+ Kommen Sie Samstagnachmittag in den Stall und reinigen Sie Trensen und Sättel bis zum Abwinken. Das hat einen tollen Lerneffekt für Sie, und der Betreiber der Reitschule wird Sie lieben!

+ Sollte die Trense insgesamt etwas eng sein, verschnallen Sie für die Prozedur des Auftrensens die Backenstücke zwei/drei Loch länger und erst am Pferdekopf wieder in die alte Position.

Step ᵇʸ Step
Auftrensen

1 Seitlich neben dem Pferdekopf mit Blick nach vorn stehend, halten Sie die Trense mit der rechten Hand fest. Das Gebissstück führen Sie mit der linken Hand vor die Pferdelippen.

2 Durch den Druck Ihres linken Daumens in die Maulspalte oder auf die Laden veranlassen Sie Ihr Pferd, das Maul zu öffnen. Gleichzeitig nehmen Sie die mit der rechten Hand gehaltene Trense weiter hoch.

3 Nicht hektisch den Genickriemen über die Ohren ziehen, Sie malträtieren sonst die Maulwinkel des Pferdes. Knicken Sie die Ohren ruhig vorsichtig nach hinten oder vorn ab, damit der Riemen drübergeht. Schließen Sie nun den Kehlriemen.

4 Alle Riemen müssen gerade sitzen und nicht verdreht sein. Als Faustregel gilt: Nicht zu fest und nicht zu locker. Fest eingezurrte Nüstern, durch die das Pferd kaum noch atmen kann, sind genauso sinnlos wie Kehlriemen, durch deren Verschnallung man einen Fußball schieben könnte.

Führtraining in Stall, Reitbahn und Geländer

Beim Führen eines Pferdes müssen wir uns kurz seine Vergangenheit als Steppentier im Herdenverband ins Gedächtnis rufen.

Im Herdengefüge entscheidet nämlich der Boss darüber, wie weit sich ihm ein anderes Pferd nähern darf, er lässt sich nicht unaufgefordert überholen. In diesem Fall sind Sie der Boss, und das Pferd hat darauf zu achten, dass es immer einen gewissen Abstand zu Ihnen wahrt und Ihre Führungsrolle anerkennt.

Auch erfahrene Pferde, die schon eine Führausbildung hinter sich haben, müssen Sie korrekt führen können, denn auch Schulpferde haben manchmal keine Lust auf ihren Job – und ohne den entsprechenden Background kommen Sie nicht

Tipp

+ Das Pferd muss Sie beim Führen als Boss anerkennen – das dient der Sicherheit für Sie selbst und das Pferd. Wenn Sie viele hundert Kilogramm Körpergewicht, hinter denen eine enorme Kraft steckt, dazu bringen wollen, mit Ihnen zu gehen, nutzen Ihnen Muskeln wenig, Sie brauchen – Technik.

Sehr gut, Steffi, so hältst Du Suheila in jeder Situation.

mal von der Box an den Putzplatz, geschweige denn auf die Reitbahn. Die Bodenarbeit mit ihren unterschiedlichen Führpositionen ist eine Materie für sich, über die es hervorragende Literatur gibt.

Kleines Knowhow des Führens:

- Führen Sie ein Pferd niemals nur am Halfter, sondern benutzen Sie immer – auch auf kleinsten Strecken – einen Führstrick, der lieber zu lang als zu kurz sein sollte. Erschreckt sich Ihr Pferd und wirft den Kopf hoch, kann es sonst einen ordentlichen Ruck in Ihr Schultergelenk geben. Sie lassen im Reflex los und das Pferd ist in der nächsten Sekunde verschwunden.
- »Individualabstand«, also der Abstand vom Individuum Pferd zum Individuum Mensch, ist ein Begriff, der ebenfalls von großer Bedeutung ist. Wenn Ihr Pferd direkt an Ihren Fersen klebt oder an Ihrer Schulter, werden Sie bei nächstbester Gelegenheit einen ordentlichen Rempler erhalten oder es springt Ihnen sozusagen erschreckt auf den Schoß. Besser ist es in solchen Situationen, das Pferd auf Distanz um sich herumtanzen zu lassen, bis es sich wieder beruhigt hat.
- Der Kopf des Pferdes sollte Ihre Schulter nicht überholen. Das darf es in der Herde, bei ranghöheren Tieren auch nicht machen.
- Den Strick halten Sie locker und nicht zu dicht am Halfter fest, um gegebenenfalls nachgeben zu können. Wenn Sie auf der linken Seite des Pferdes gehen, empfiehlt es sich, mit der rechten Hand den Strick zu halten und das Strickende mit der linken Hand. Gehen Sie auf der anderen Seite, bitte umgekehrt halten. Auf keinen Fall dürfen Sie den Strick um Ihre Hand schlingen. Bei einem unvermuteten Ruck kann ihr Handgelenk brechen, oder Sie schlagen der Länge nach auf den Boden, weil Sie nicht rechtzeitig loslassen konnten. Im schlimmsten Fall werden Sie dann noch ein

Stückchen mitgeschleift. Autsch! Schauen Sie das Pferd beim Antreten nicht an, sondern in die Richtung, wohin Sie gehen wollen. Setzen Sie auch Ihre Stimme ein!
- Der Strick darf beim Gehen nicht unter Spannung gehalten werden, also straff sein. Er sollte ein klein wenig durchhängen. Auf keinen Fall darf er so lang sein, dass das Pferd oder Sie darüber stolpern könnten.

Vertrauen ist gut – Kontrolle ist besser

Das Aufzeigen der eventuell eintretenden Gefahrensituationen soll Sie nicht erschrecken, sondern Sie auf Eventualitäten vorbereiten. Tritt dann wirklich der Fall des Falles ein, sind Sie gut vorbereitet und wissen, wie Sie reagieren müssen.

Aus den Augenwinkeln sollte man sowieso immer so ein bisschen Obacht geben, ob sich Ihr Partner vielleicht gerade ein schönes Späßchen ausdenkt – in Form von Pulli-mit-den-Zähnen-Zupfen – oder vielleicht eine Fressattacke auf in der Stallgasse liegende Heuballen startet.

Also wieder einmal gilt es sich zu konzentrieren und nicht einfach wahllos das Pferd hinter sich herschlurfen zu lassen. So gesehen ist der Boss-Job mächtig anstrengend, denn Sie müssen immer hellwach sein.

Versucht das Pferd sich näher an Sie heranzumachen, schlenkern Sie es durch Wellenbewegungen mit dem Strick wieder

Immer
in Maßen

+ Die Dosierung der jeweiligen Hilfen ist immer situationsbedingt und vom Temperament des jeweiligen Pferdes abhängig, aus Sicherheitsgründen sind auch stärkere Maßnahmen gerechtfertigt.

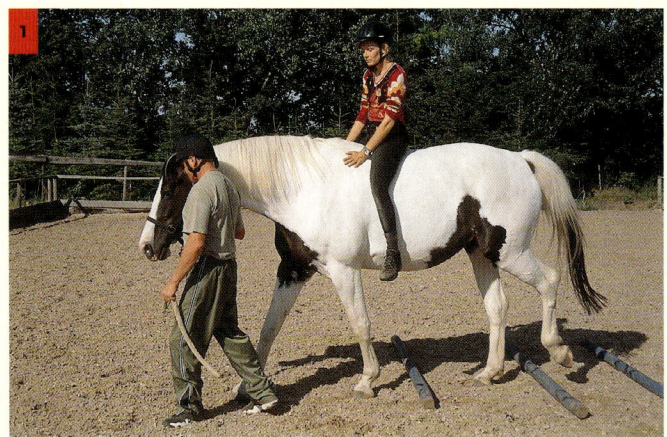

1 Roland kann während Steffis Fühlübungen ziel-
  genaues Führen üben.
2 Einer lernt Führen, der andere Reiten. Prima!

von sich weg. Will es Sie gar überholen, schlagen Sie ihm mit dem Strickende kurz vor die Brust oder geben auch kurz einen strafenden Ruck am Führstrick.

Beim Passieren anderer Pferde sollten Sie sich immer mit dem jeweiligen Betreuer des anderen Pferdes abstimmen und jeder ein Auge darauf haben. In einer engen Stallgasse mit offenen Boxen-Obertüren kann es auch vorkommen, dass die Gelegenheit genutzt wird, um einem unsympathischen Kontrahenten mal herzhaft die Zähne in die Kruppe zu schlagen. An so etwas müssen Sie denken, denn in diesem Fall sind Sie gefordert Ihr Pferd zu schützen. Es soll brav sein und Ihnen folgen und erhält als Dank dafür dann einige unangenehme Blessuren. Sorgen Sie dafür, dass Sie in solchen Situationen Hilfe von anderen Personen erhalten. Hier ist wieder Teamarbeit gefordert, scheuen Sie sich nicht zu fragen, Sie tun es für sich und Ihr Pferd.

Der Weg zum Reitplatz

Diese Regeln gelten natürlich auch, wenn Sie Ihr schon fertig aufgetrenstes Pferd vom Putzplatz in die Halle oder auf den Reitplatz führen. Diesmal ersetzen die über den Kopf heruntergenommenen Zügel den Führstrick. Das bleibt auch so, bis Sie

an dem Platz angekommen sind, wo Sie aufsteigen. Wie vorhin mit Halfter, dürfen Sie auch hier zum Führen nicht direkt in die Trense fassen. Auch das Pferd am über seinem Hals hängenden Zügel zu führen, ist nicht ratsam. Also bitte in jeder Führsituation mit Trense die Zügel über den Kopf nehmen.

Das Führen des Pferdes werden Sie sehr schnell lernen, denn dazu haben Sie oft Gelegenheit – sei es beim geführten Turnen, bei Fühlübungen auf dem Reitplatz oder demnächst draußen in der Natur, bei geführten Spaziergängen.

Wenn Sie in Ihrer Ausbildung etwas weiter sind und auch mal allein mit einem Pferd »Gassi« gehen dürfen, kann ich Ihnen versprechen, dass es Balsam für Ihre Seele sein wird. Unterhalten Sie sich mal richtig ausgiebig mit Ihrem Partner, und die nächste Reitstunde wird ein Highlight.

Führen im Gelände

Beim Führen im Gelände müssen Sie noch ein paar Besonderheiten beachten: Gehen Sie ganz simpel mit einem braven Pferd ein kleines Stückchen spazieren, so dürfen Sie es getrost an Halfter und Strick führen. Sitzt ein Reiter auf dem Pferd und soll dieser die Zügeleinwirkung üben, empfiehlt es sich

3 Du hast gut gearbeitet auf dem Reitplatz, Roland, jetzt gehen wir zur Entspannung noch ein Stückchen ins Gelände.

4 Ob Sie Ihr Pferd führen oder reiten – als Verkehrsteilnehmer müssen Sie sich immer korrekt verhalten.

das Pferd über dem Halfter zu trensen. Sie führen es dann an einem Strick, der in das Halfter eingehängt ist und der Reiter hat über den Zügel ebenfalls die Möglichkeit einzuwirken. Auf Straßen sind Sie und die Pferde grundsätzlich Verkehrsteilnehmer. Erwarten Sie bitte auch nicht zu viel Rücksicht durch Autofahrer. Um sich, Ihre Reiterkameraden und die Pferde zu schützen sollten Sie sich folgende Verhaltensweisen angewöhnen:

– Nehmen Sie Blickkontakt mit dem Fahrer auf und machen Sie deutliche Handzeichen, was dieser tun soll.

– Bleiben Sie immer freundlich. Ärger bringt gar nichts, außer, dass Sie die Pferde nervös machen. Im Zweifelsfall verzichten Sie auf eventuelle Vorfahrts- bzw. Vorreitrechte und machen dem Fahrzeug Platz, damit es vorbeikommt. Riskieren Sie lieber mal matschige oder nasse Füße, als Ihr Leben oder das der Ihnen Anvertrauten.

– Wenn sich ein Kraftfahrer Ihnen gegenüber tatsächlich einmal besonders gefährdend verhalten sollte, können Sie sich ja die Autonummer merken und im Nachhinein etwas unternehmen. Aber die Grundstimmung in Ihrer Gruppe mit den Pferden bleibt in jedem Fall ruhig und gelassen.

– Sie führen die Pferde auf der rechten Straßenseite hintereinander. Als Gruppe, wenn eventuell sogar noch mehrere andere Personen mitlaufen, müssen Sie immer auf einer Seite bleiben.

– Müssen Sie eine Straße überqueren, tun Sie das immer mit der gesamten Gruppe. Wenn ein Pferd schon mal rüber geht und die anderen dadurch hektisch werden, kann das verheerende Folgen haben.

– Der erste und der letzte Führende haben einen wichtigen Späher-Posten. Kommt ein Fahrzeug von vorne, ruft der Erste: Achtung, Traktor von vorne. – Ebenso der Letzte.

Während der Spaziergänge können Sie nun mit Ihrem Ausbilder und den Reiterkameraden ausgiebig fachsimpeln oder bestimmte Situationen simulieren und üben. Den Pferden gefällt so etwas auch, denn gemütlich in der Gruppe, mit vielen froh gesinnten Menschen durch die Natur zu laufen, ist ein wunderbares Entspannungsprogramm.

So sind Sie alle gut gerüstet, für die auf jeden Fall bald anstehenden Ausritte im Handpferde-Gespann. Fällt Ihnen etwas auf? Sie kommen Ihrem Blumenwiesentraum Stückchen für Stückchen näher.

Wohlan,
aufs Pferd

Wir haben's geschafft: Das Pferd steht fix und fertig
auf Hochglanz poliert – und hoffentlich gut gelaunt –
vor uns. Jetzt wollen wir den Pferdekörper erst einmal
kennen lernen und – mit und ohne Sattel – ein Gefühl
für die Position des Reiters entwickeln.

Turnen ohne alles –
nichts für Nudisten

»Alles schön und gut«, werden Sie jetzt denken, den blanken Pferderücken vor Augen. »Aber wie komme ich denn da rauf ohne Steigbügel?«

....

Wow! Nur Fliegen ist schöner!

....

Keine Bange, wir werden diese Höhen mit Hilfe einer Plastiktonne erklimmen oder uns der Räuberleiter bedienen. Da schon mehrfach über Selbsterkenntnis als entscheidender Charakterzug im Zusammenhang mit Reiten gesprochen wurde, mögen Sie diese hier auch anwenden.
Bitte geben Sie, zum Schutz der Rückenmuskulatur Ihres Aufstieghelfers, Ihr Lebendgewicht ehrlich an. Versuchen Sie immer, egal ob mit oder ohne Sattel, sehr geschmeidig und

weich auf dem Pferderücken zu landen. Ein rückenempfind-
liches Pferd könnte auch einmal reagieren, wenn ihm ca. 60
bis 80 Kilogramm ungebremst in den Rücken krachen. Das
Pferd wird von Ihrem Ausbilder an Halfter und Strick festge-
halten. Sie sind also in sicheren Händen und können die
Übungen lässig angehen.

Na, wie fühlen Sie sich? Ist doch schön, das weiche und
warme Pferdefell zu spüren und die Berührung der Muskeln
ist außerordentlich entspannend!

Endlich oben

Wenn Sie nun oben sitzen, orientieren Sie sich erst einmal in
Ruhe. Begrüßen Sie Ihr Pferd. Streicheln Sie seinen Hals,
kraulen Sie seinen Mähnenkamm und fühlen Sie sich einfach
wohl. Nun beugen Sie sich nach vorn über den Hals des Pferdes (siehe Bild S. 65). Lassen Sie beide Arme seitlich an
seinen Schultern herunterhängen und verweilen Sie so. Pfer-
dehaut riecht sehr gut. Legen sie Ihr Gesicht seitlich an den
Hals und schmusen Sie ruhig ein bisschen mit dem Tier.
Nun richten Sie sich langsam wieder auf und setzen sich locker hin. Das Pferd weiß jetzt, mit wem es da zu tun hat, und
Sie auch. Die nächste Übung verlangt schon ein bisschen
mehr an Zivilcourage. Sie sollen verkehrt herum sitzen, also
mit Blick nach hinten auf die Kruppe.

Nehmen Sie ein Bein hoch über den Pferdehals zur Seite.
Achtung, wenn die Hüftgelenke knirschen, war es zu hoch.
Jetzt sitzen Sie seitlich. Balance ist nun gefragt und damit
schon der erste wichtige Übungsfaktor für Ihre beginnende
Reitkarriere.

Keine Sorge, Sie turnen ja im Team, Ihre Mitreiter stützen Sie
im Zweifelsfall ab. Und jeder kann anhand der Korrekturen
des Ausbilders gleich schon ein bisschen für sich selbst raus-
hören und davon profitieren. Nun nehmen Sie nochmals ein
Bein über die Kruppe des Pferdes und schon sitzen Sie verkehrt herum. Flaues Gefühl im Magen? Brauchen sie nicht.

Interessante Perspektive!

Legen Sie sich jetzt ganz flach mit Ihrem Oberkörper auf
Rücken und Kruppe des Pferdes. Ihr Kopf liegt auf der Seite.
Ihre Beine und Ihre Arme hängen locker und entspannt am
Pferd herunter. Wunderbar gemütlich und jetzt schließen Sie
die Augen und denken eine Weile an gar nichts.

Fühlen Sie bloß. Wenn Sie die flachen Handinnenseiten an
den Bauch des Pferdes legen, können Sie seine Atmung spüren. Der Körper ist warm und weich und ab und zu schaukelt
es ein wenig, wenn sich das Pferd leicht bewegt oder mal den
einen, mal den anderen Hinterfuß schont.

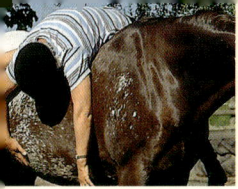

Ganz gut aufgehoben fühlt man sich hier oben. Wo ist übrigens Ihre Angst geblieben?

Nach einer kleinen Weile richten Sie sich wieder auf und setzen sich mit den vorher beschriebenen Übungen richtig herum auf das Pferd. Wehmütig rutschen Sie seitlich am Pferd herunter – das ist auch gar nicht so dramatisch, wie Sie dachten –, leider kommt jetzt der nächste Teilnehmer dran. Vergessen sie bitte nie, sich vor dem Herunterrutschen freundlich von Ihrem Pferd zu verabschieden und sich zu bedanken. Das Dulden dieser extremen Nähe und die Ruhe, die es dabei ausstrahlt, sind doch wohl ein paar liebe Worte und ein Streicheln wert.

1 *Weckt Ihr mich bitte in einem Viertelstündchen!*
2 *Drei Stunden quer durch die Prärie würde Margret so nicht durchhalten.*
3 *So, Ulli, und nun einfach an der Seite heruntergleiten.*

Der Mehlsack

+ Diese Übung ist keine Verunglimpfung des erwachsenen Reitanfängers, sondern wird in der Turnsprache so genannt, weil sie auch so aussieht.

+ Legen Sie sich bäuchlings quer über den Pferderücken, so wie in den Westernfilmen die Cowboys immer die Viehdiebe transportieren. Um in diese Position zu kommen, benötigen Sie wahrscheinlich die Mithilfe Ihrer Teamkollegen. Lassen Sie sich Zeit zum ausbalancieren!

+ Sobald Sie sich sicher fühlen, lassen Sie Beine, Arme und den Kopf ganz entspannt nach unten hängen. Das ist eine wunderbare Übung zur Durchblutung des ganzen Hirns. Nach einer kleinen Weile wieder hochkommen, aber langsam, sonst kann es Ihnen schwindelig werden. Setzen Sie sich aufrecht hin, dann seitlich auf das Pferd und dann rutschen Sie ganz einfach von oben runter. Für jede Landung auf dem Boden gilt ebenfalls, weich abfedern. Das tun Sie Ihren Gelenken zuliebe.

Fühlübungen
ohne Sattel

Nachdem Sie ja nun hoch zu Ross die wildesten Turnübungen vollführt haben, ist es für Sie kein Problem mehr, sich auf dem Schritt gehenden Pferd führen zu lassen.

Sie sitzen wieder auf dem blanken Pferderücken, denn so lernen Sie am besten, den Bewegungsablauf des Pferdes unter Ihrem Allerwertesten zu spüren und zu unterscheiden – und je hautnaher Sie am Pferd sind, desto besser. In jeder Gangart hat das Pferd eine ganz bestimmte Folge des Abfußens, d.h. die Füße werden in einer bestimmten Reihenfolge abgehoben und aufgesetzt. Da Sie später als aktiver Reiter für die Gymnastik Ihres Pferdes zuständig sind, müssen Sie spüren lernen, wann das jeweils linke oder rechte Bein abfußt, also sich gerade in der Luft befindet, damit Sie später die entsprechenden Hilfen geben können, um das Pferd dadurch zu vermehrter Mitarbeit zu bewegen.

Info

+ Fühlübungen werden in den meisten Reitschulen kaum oder gar nicht angeboten.

+ Dabei liegt hierin gerade für Reitanfänger auch eine große Chance, sich schneller in den Bewegungsablauf des Pferdes einzufühlen.

Augen schließen ... und genießen

Wir fangen an, Sie schließen nun bitte die Augen, denn gerade das schult Ihr Körpergefühl. Schnell werden Sie feststellen, wie herrlich es ist, sich ganz auf den angenehmen Rhythmus der Bewegung zu konzentrieren. Offene Augen und Herumgucken würden Sie jetzt nur ablenken, aber Ihre Aufmerksamkeit soll nun nach innen und nicht nach außen gehen. Sitzen Sie völlig losgelassen und lassen Sie sich tragen. Ihr Oberkörper ist aufgerichtet und ihre Beine liegen locker am Pferdebauch an. Ihre Ferse deutet nach unten. Als Erstes arbeiten wir noch ein bisschen an Ihrem Sitz. Mit Elementen aus der Feldenkrais-Arbeit werden wir versuchen, Sie innerlich so einzustimmen, dass Sie ein Bild von Ihrer eigenen Haltung im Kopf haben und diese dann auch ganz selbstverständlich auf dem Pferd einnehmen. Um Ihren etwas vorgeneigten Oberkörper zu strecken und den etwas nach unten blickenden Kopf zu heben sowie um Ihre Beine noch ein bisschen länger nach unten zu bekommen, stellen Sie sich bitte Folgendes vor:
Ihr Reithelm wird plötzlich sehr leicht, viel leichter, als er ohnehin schon ist, Sie haben das Gefühl, ein Vogel will ihn mitnehmen auf seinem Flug. Aber der Vogel hilft Ihnen nur, er fliegt mit Ihnen, über dem Pferd und erleichtert Ihnen Kopf, Hals und Oberkörper zu tragen. Sie teilen sich nun diese Arbeit, es ist federleicht. Richten Sie sich auf und recken sich nun ebenfalls dem Vogel entgegen. Schön.
Auf keinen Fall sollen Sie Ihre Knie nach oben ziehen, wenn Sie auf dem Pferd sitzen. Um Ihr Bein länger zu machen, binden wir Ihnen gedanklich Ziegelsteine unter die Füße. Atmen Sie gleichmäßig und ruhig und konzentrieren Sie sich nur auf

Tipp

+ Sollten Sie mal die Gelegenheit bekommen, einen Felden-
krais-Kurs zu machen, tun Sie das unbedingt, es erweitert
Ihren Horizont und lässt Sie sehr viel mehr Gespür für
Ihren eigenen Körper und Geist entwickeln.

das Spüren der schweren Steine an Ihren Füßen. Sehen Sie,
jetzt haben Sie einen sehr schönen Sitz eingenommen.
Stellen Sie sich ruhig öfter mental solche Situationen vor.
Seien Sie kreativ in der Ausführung. Es ist ungemein hilfreich,
sich durch solche Bilder vor dem inneren Auge, auch körperlich darauf einzustellen. Sie werden verblüfft sein, wie gut das
funktioniert.
All diese Übungen sollten erst mal entspannt im Schritt stattfinden. Das ist für Sie momentan noch die Gangart, in der Sie
nicht automatisch anfangen mit Ihren Schenkeln zu klam-
mern und sich zu verkrampfen. Die schnelleren Gangarten
lernen Sie zwar auch bald kennen, aber aufgehoben und in
Sicherheit an der Longe.

Fühlen Sie …

Da Sie jetzt schön locker sitzen fangen wir damit an, Sie die
Fußfolge spüren zu lassen.
Um es Ihnen zu erleichtern, wird Ihr Pferd über Bodenstangen geführt, was den Ausdruck der Bewegung verstärkt.
Sie können nun fühlen, wie sich Ihre Hüften im Rhythmus
mit den Pferdeschritten abwechselnd rotationsförmig bewegen. Also nicht nur auf und ab, sondern auch vor und zurück. Die Hüfte ist ein Kugelgelenk und entsprechend viel-
seitig können ihre Bewegungen sein. Wenn Sie das Gefühl
haben, einer Ihrer Schenkel ist fühlbar näher am Pferdebauch
als der andere, dann ist der Moment gekommen, in dem Sie

1 *Steffi ist ganz auf die Bewegungen des Pferdes
konzentriert.*
2 *Mit geschlossenen Augen fühlt man besser.*

EXKURS: Die
Grundgangarten

Um als Reiter auf den Bewegungsablauf des Pferdes Einfluss nehmen zu können, muss man ihn
auch genau kennen.

In der Theorie soll hier erläutert werden, was wir in der
Praxis bei den Fühlübungen kennen lernen.

Der Schritt ...

ist eine schreitende Bewegung im Viertakt, die in diago-
naler Reihenfolge und gleichmäßigen Zeitabständen
nacheinander erfolgt. Die Fußfolge ist beispielsweise
vorn rechts, hinten links, vorn links, hinten rechts, usw.
Im normalen Schritttempo sollten die Hinterfüße ungefähr in die Abdrücke der Vorderfüße treten.
Schwingt das Pferd jeweils das gleichseitige Beinpaar
nach vorne, also links vorne und links hinten, und setzt
diese beiden Füße auch gleichzeitig ab, so redet man
vom Passgang.

Fußfolge im Schritt

Beim hiesigen Dressurpferd wird dies als fehlerhafter
Gang bewertet, bei verschiedenen Gangpferde-Rassen
ist er aber durchaus erwünscht.

Der Trab ...

ist eine Folge von aneinander gereihten Tritten im Zweitakt. Zwei diagonale Beine werden gleichzeitig vorbewegt
und gleichzeitig abgesetzt. Also links vorne und rechts
hinten oder rechts vorne und links hinten. Dazwischen
liegt eine Schwebephase, da eines der Beinpaare eher
abhebt, als das andere landet.

Fußfolge im Trab

Der Galopp ...

ist eine Folge von Sprüngen im Dreitakt, nach denen
jeweils eine Schwebephase folgt. Also pa-da-dam Schwebephase, pa-da-dam Schwebephase, pa-da-dam Schwebephase usw. Es sieht fast so aus, als ob das Pferd einen
Bogen in der Luft galoppiert.
– Erste Phase: Abheben vorne – Gewicht auf der gesenk-
  ten Hinterhand – nur ein Hinterfuß trägt Gewicht.

Fußfolge im Galopp

Schwebe-phase

- Zweite Phase: Horizontale – Gewicht auf diagonalem Beinpaar, ein Vorder- und ein Hinterfuß.
- Dritte Phase: Herunterkommen auf einen Vorderfuß – dieser trägt das gesamte Gewicht.
- Vierte Phase: Alle vier Füße sind in der Luft – Schwebephase.

Danach geht's wieder von vorn los.

Die Vorder- und Hinterfüße werden nicht nebeneinander gesetzt, sondern die Füße einer Seite greifen weiter vor. Daraus ergibt sich auch der Links- oder Rechtsgalopp, der Sie als Innen- oder Außengalopp irgendwann auch noch in Ihren Träumen verfolgen wird.

Merke:

+ Schritt-Schritte – Viertakt

Mitzählen: 1 – 2 – 3 – 4 / 1 – 2 – 3 – 4

Trab-Tritte – Zweitakt

Mitzählen: 1 – 2 / 1 – 2

Galopp-Sprünge – Dreitakt

Mitzählen: 1 – 2 – 3 / oder pa-da-dam

Sie können den Rhythmus sehr schön üben und speichern, wenn Sie auf dem Pferd sitzend in jeder Gangart den Takt laut mitzählen – fast wie im Tanzkurs sozusagen.

als Reiter die treibende Schenkelhilfe im Schritt anwenden müssen. Der Bauch des Pferdes kommt sozusagen wechselseitig Ihrem Schenkel entgegen und geht dann wieder. Das passiert, weil das Pferd in diesem Moment einen Hinterfuß vornimmt, um abzufußen, und seine Bauchmuskulatur dieser Bewegung rhythmisch folgt.

Genau in dieser Phase soll Ihr treibender, gleichseitiger Schenkel das Pferd dazu veranlassen, energischer abzufußen und mit dem Hinterfuß weiter unter seinen Schwerpunkt zu treten.

Den Takt in sich spüren

Sie konzentrieren sich bei dieser Übung darauf, den Rhythmus zu fühlen und sagen laut und im Takt des Pferdeschrittes: »Jetzt«, »Jetzt«, »Jetzt«, wenn Sie das Gefühl haben, es ist der richtige Moment.

Seien Sie nicht enttäuscht, wenn es nicht gleich klappt, oder nicht immer. Die ganze Reiterei ist Übungssache und je öfter Sie Gelegenheit zum Üben und Fühlen haben, umso besser. Als nächstes werden Sie durch ein mit bunten Bodenstangen aufgebautes Zickzack geführt. So bekommen Sie in den Wendungen ein erstes Gespür für die Biegung des Pferdekörpers. Ihr Gleichgewichtsgefühl und Ihr Reaktionsvermögen werden geschult, denn Sie müssen ständig bemüht sein, den Bewegungen des Pferdes weich zu folgen. Diese Fühlübungen sind ein wunderbares Mittel, um vertraut mit den ungewohnten Bewegungen zu werden, aber auch um Vertrauen zum Pferd selbst zu bilden. Wenn Sie die Augen wieder öffnen, werden Sie sich fühlen wie auf einem fremden Planeten.

Erinnern Sie sich bitte oft an diese schönen und entspannenden Übungen und versuchen Sie diese, so oft es geht zu wiederholen. Auch – und gerade –, wenn Sie schon etliche Jahre reiten.

Turnen mit
Decke und Gurt

Nach den ersten Kontakten hoch zu Ross, die Ihnen schon einen positiven Einstieg beschert haben, geht es nun weiter mit der Turnerei.

Erst ganz gemütlich auf dem stehenden Pferd und dann, schon etwas weiter fortgeschritten, mit dem Voltigieren. Im Moment ist es Ihnen sicher noch lieber, wenn das Pferd sich nicht bewegt, während Sie Ihre Übungen absolvieren. Ein Helfer steht nun direkt neben dem Pferdekopf. Diese Übungen sollen Ihnen Mut machen. Gleichzeitig schulen Sie in spielerischer Form Ihr Balancegefühl, Ihr Reaktionsvermögen, die Beweglichkeit Ihrer Gelenke und Ihre Koordinationsfähigkeit.

No Risk, no Fun !

Diesmal ist eine gut gepolsterte Decke mit einem Griffgurt auf dem Rücken des Pferdes verschnallt. Diese dient dem Schutz des Pferderückens, denn Sie sollen ja dem Pferd nicht weh tun. Es geht nun lediglich bei den Knie- und Stehübungen um Gewichtsverteilung und Abpolsterung der recht kleinen Druckpunkte, wie z. B. Kniescheiben oder Füße.

Wir beginnen mit dem Knien auf dem Pferd. Sie sitzen, nach einer ausgiebigen Begrüßung Ihres Pferdes, ganz locker und entspannt oben. Nun ziehen Sie beide Unterschenkel seitlich am Pferd hoch und stützen sich gleichzeitig mit beiden Armen an den Griffen des Gurtes ab, bis Sie sich kniend auf dem Pferd befinden. Ihre Knie sind nah beieinander, Ihre Fußsohlen zeigen nach außen. Strecken Sie bei allen, auch den noch folgenden Übungen, nie die Gelenke ganz durch. Gerade, wenn wir diese Übungen in der Bewegung des Pferdes machen, ist das weiche Ab- und Mitfedern des Schwungs in Knie- und Hüftgelenken ein unbedingtes Muss.

Noch halten Ihre Hände die Griffe, aber Sie sollten sich trauen nun loszulassen und sich allmählich ein wenig mehr aufzurichten. Breiten Sie die Arme seitlich aus und freuen sich, wieder ein Stückchen weitergekommen zu sein. Zur Förderung Ihres Balancegefühls können Sie nun auch noch einige Drehschwungübungen der Hüfte mit ausgebreiteten Armen machen. War gar nicht so schwierig, oder? Bitte achten Sie darauf, dass Sie beim Wieder-Herunterkom-

Kerstin kniet ganz locker auf Momo. Turnen auf dem Pferd macht richtig Spaß!

Das
Sahnehäubchen
obendrauf

Zur Krönung stellen Sie sich auf das Pferd!

✚ Dazu setzen Sie erst einmal ganz langsam auf Ihre Fuß-
flächen auf, während Sie die Griffe des Gurtes halten.
Ihr Ausbilder hat in der Zwischenzeit an einem Ring, der
sich in der Mitte der Griffe befindet, einen Strick befes-
tigt, den Sie beim Aufrichten zum Balancieren benutzen.

✚ Bleiben Sie in den Knien etwas gebeugt stehen. So balanciert es sich auch besser. Die meisten Anfänger werfen, total begeistert von Ihrem eigenen Mut und der
wunderbaren Aussicht dort oben, vor lauter Freude die
Arme in die Luft . Tun Sie's ruhig auch. Sollte es wacke-
lig werden, können Sie ja blitzschnell in die Knie gehen
und zu den beiden Grif-
fen greifen. Was soll
Ihnen also passieren?
Links und rechts fängt
Sie jemand auf, und das
Pferd, das ohnehin ge-
lassen ist, wird gehalten.

Das hätten Sie nicht er-
wartet, dass Sie bevor
Sie reiten lernen sogar
auf dem Pferd stehen
können, nicht wahr?

1   Den Mutigen gehört die Welt!
2–5 Margret ist super gestanden und nun folgt noch
     ein toller und mutiger Absprung. Begeisterung
     auch bei allen anderen Teammitgliedern.

Mit ein bisschen Unterstützung kann Roland sogar schon auf ein laufendes Pferd springen.

men ins Sitzen, nie dem Pferd in den Rücken fallen, denn wenn dies öfter passiert, wird auch ein braves und wohlerzogenes Lehrpferd mal sauer. Sie müssen immer Ihr Körpergewicht unter Benutzung der Gurtgriffe abfangen und sich langsam und geschmeidig hinsetzen. Das kräftigt Ihre Arm- und Rückenmuskulatur und erhält dem Pferd die Freude an seiner Arbeit.

Voltigieren – jetzt geht's rund

Beim Voltigieren können die gleichen Turnübungen gemacht werden wie auf dem stehenden Pferd. Diese Übungen in der Bewegung schulen außerordentlich gut Ihr Rhythmusgefühl und Ihre Orientierungsfähigkeit. Es werden eine Menge Muskelgruppen trainiert und der ganze Körper beansprucht. Jetzt läuft das Pferd an der Longe in einem großen Kreis um den Longenführer herum, wird also nicht von einer Person am Kopfstück herumgeführt.

Für ganz ängstliche Einsteiger gibt es noch die Zwischenstufe des geführten Turnens. Hier wird das jeweilige Pferd von einem Helfer am Kopf geführt. Sie haben also in unmittelbarer Nähe noch eine Hilfestellung.

Das Pferd geht nun einen fleißigen, aber gleichmäßigen Schritt. Nun werden Sie gewiss Bedenken anmelden, wie kommt man jetzt da hoch. Mitrollende Leitern, fahrende Plas-

Keine Sorge

+ Voltigierpferde sind in aller Regel sehr gut ausgebildet und vertrauen der Stimme des Longenführers auch in vermeintlich brenzligen Situationen. Sie selbst haben jetzt die Chance, Ihre eigene Stimmwirkung und die Ihres Körpers auf das Pferd zu üben.

tiktonnen? Nein, natürlich nicht. Sie laufen im Gleichschritt auf Gurthöhe mit dem Pferd mit. Ein Helfer ebenfalls. Fassen Sie mit beiden Händen an die Gurtgriffe. Zählen Sie im Schrittrhythmus des Pferdes: Eins, zwei, drei – Hopp! Bei Hopp springen Sie selbst mit Schnellkraft ab, der Helfer fasst blitzschnell zu und schiebt Sie hinauf. Durch die Zugkraft Ihrer Arme unterstützen Sie ihn. Uff – gelandet. Jedenfalls bringt dieses Aufsteigen eine Menge Spaß, und den soll Reiten ja auch machen.

Wir beginnen mit einer Mühle, die wunderbar Ihr Gleichgewichtsgefühl, Ihre Beugefähigkeit im Hüftgelenk, die Dehnfähigkeit Ihrer Beine sowie die Kräftigung von Bauch- und Oberschenkelmuskulatur fördert.

Auch Ihr erstes Galopp-Feeling werden Sie an der Longe haben. Wenn Sie Griffe haben, an denen Sie sich jederzeit festhalten dürfen, wollen Sie wahrscheinlich gar nicht mehr aufhören. Und wenn Sie jetzt die Augen schließen, können Sie sich ja vorstellen, dass Sie allein mit Ihrem Pferd durch Wiesen und Felder galoppieren ...

Beim geführten Turnen können Sie sicher aufgehoben den Bewegungsablauf des Pferdes spüren lernen.

Völlig losgelöst ...

+ Die Mühle ist eine 4-Phasen-Übung, bei der Sie sich, durch das Herübernehmen jeweils eines Ihrer Beine über Hals und Kruppe des Pferdes, einmal um sich selbst drehen. Dabei lernen Sie, den Schrittrhythmus des Pferdes zu beachten, Ihren Schwerpunkt beim seitlichen Sitzen jeweils zu verlagern und Ihre Hände flink und geschickt agieren zu lassen, um im jeweils richtigen Moment die Gurtgriffe umzufassen

Es gibt eine Vielzahl an Übungen, die auch Ihre weiteren Unterrichtseinheiten spannend machen werden. Sie bringen allen Beteiligten sehr viel Spaß und können auch im weiteren Ausbildungsverlauf immer wieder integriert werden.

Ulli streckt vorbildlich das Bein für die »Mühle«.

1 *Roland in nahezu perfekter »Fahne«*
2 *...holt Schwung für die Flanke*
3 *und springt seitlich neben dem Pferd ab.*

Jetzt
geht's abwärts

In Ihrem Reiterdasein werden Sie nie ganz ausschließen können, mal vom Pferd zu purzeln. Das passiert hin und wieder sogar den Profis.

Sie können jedoch eine ganze Menge Übungen absolvieren, um den Sturz möglichst glimpflich ausgehen zu lassen und um Ihre Angst und Unsicherheit im Vorfeld zu bekämpfen. Viele Stürze enden ohnehin nur mit ein paar blauen Flecken und einem gehörigen Schreck.

Aus Angst krampft sich oft der ganze Reiterkörper zusammen. Wenn jetzt das Pferd noch einen kleinen Satz zur Seite macht, können Sie in diesem verkrampften Zustand nicht mehr weich der Bewegung folgen. Nun geht es ziemlich unsanft abwärts.

Leider wurde bisher auf diese Form der vorbereitenden Reitausbildung noch viel zu wenig Wert gelegt. In der Zwischenzeit gibt es jedoch Reitbetriebe, die spezielle Fall-Kurse anbieten, was unbedingt zu empfehlen ist.

Der kluge Mann/Frau baut vor

Was Sie daheim schon mal üben können ist Purzelbäume schlagen, Rolle rückwärts und Rolle vorwärts, sich richtig einrollen, zum Igel werden. Benutzen Sie nicht Ihre Hände zum Abstützen, lassen Sie diese am Körper. Trauen Sie sich doch einmal wieder, aus dem Bett zu fallen. Aber bitte polstern Sie den Untergrund gut ab.

Setzen Sie sich mit verbundenen Augen auf einen Hocker oder einen Gymnastikball und lassen sich von einer Person Ihres Vertrauens herunterkippen, so dass Sie nicht wissen, wann es geschieht. Auch hier gilt natürlich, nicht auf den Fliesenboden zu krachen, sondern auf eine vorher dort hingelegte Unterlage. Je öfter Sie trainieren, desto eher verlieren diese Bruchlandungen ihren Schrecken.

Natürlich ist ein Pferd wesentlich höher als ein Hocker oder ein Ball, aber das gekonnte Einüben des Abrollens hilft Ihnen im Ernstfall schon weiter. Kinder haben diesen natürlichen Igelinstinkt noch und sind insgesamt viel gelenkiger. Wir Erwachsenen dagegen müssen solche Sachen – mit riesigem Spaß – erst wieder trainieren.

Dehnübungen können Sie an jedem Ort machen – aber bitte die Aufwärmphase nicht vergessen.

Falltraining

In der Praxis zeigt sich oft, dass es gar nicht so dramatisch ist, einmal etwas unkonventioneller vom Pferd abzusteigen. Ihre größte Angst findet nämlich in Ihrer Phantasie statt, wenn Sie sich vorstellen, Sie stürzen aus drei Meter Höhe und werden von riesigen Pferdehufen zermalmt. Hier kann ich Sie etwas beruhigen, denn selbst die größte Pferderasse der Welt, die Shire-Horses erreichen nur ein Stockmaß – Rückenhöhe – von ca. zwei Metern.

Auf jeden Fall empfehlenswert ist eine kleine Gymnastikeinheit mit Aufwärmübungen vor Ihren Reitstunden. Ohnehin sollten Sie nie Sport treiben, ohne sich vorher etwas locker zu machen, denn eine gut aufgewärmte, gedehnte Muskulatur kann viel schneller reagieren.

Zur Angstbekämpfung auf dem Pferd gehören unbedingt Turnübungen. Das Pferd ist für diese Art Reitunterricht bestens ausgebildet und absolut brav. Sie können sich also entspannt auf die Übungen konzentrieren.

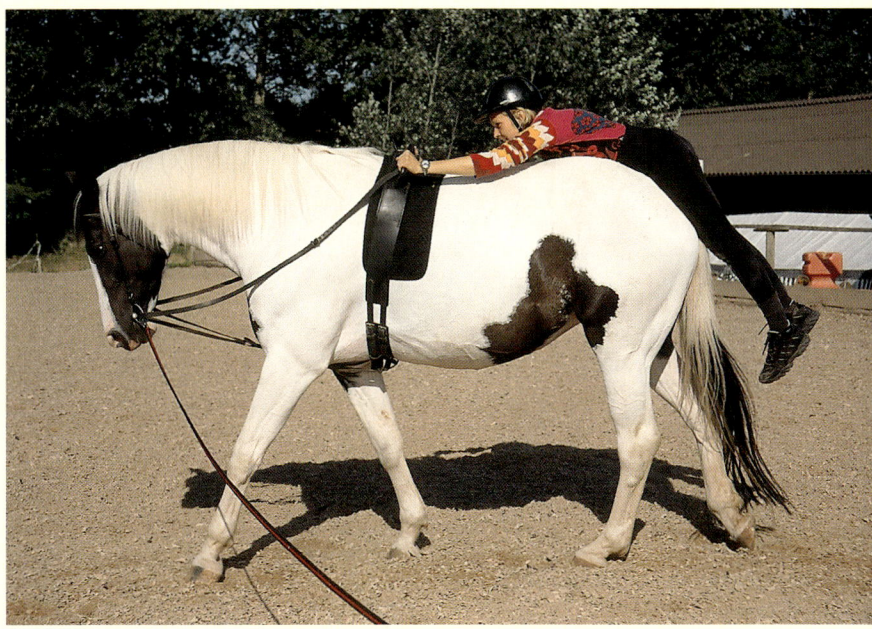

Länger werden die Arme nicht. Loslassen jetzt, Steffi, nur Mut!

Einfach mal ausprobieren…

– Abstieg einmal anders

Sie sitzen auf dem blanken Pferderücken und rutschen allmählich nach hinten auf die Kruppe. Solange Ihre Arme reichen, dürfen Sie sich ruhig an den Griffen des Gurtes festhalten, danach robben Sie weiter nach hinten und berühren mit Ihren Handflächen den Pferderücken. Jetzt lassen Sie sich einfach hinten über die Kruppe abrutschen. Hoppla! Schon unten. Ist gar nicht so hoch, wie Sie dachten, und mal eine ganz andere Perspektive. Prima gemacht. Gleich noch mal versuchen.

– Absteigen, als ob Sie den Sattel verlassen würden.

Also, normal draufsitzen, rechtes Bein anheben und über den Pferderücken schwingen und runterrutschen. Die Griffe dürfen Sie ruhig benutzen, dazu sind sie da.

– Wenn sie etwas sicherer geworden sind, machen Sie die vorherige Übung allmählich mit etwas mehr Schwung. Versuchen Sie ruhig mal mit einer gemäßigten Flanke – Übung aus dem Voltigiersport – vom Pferd zu springen:

Aus dem aufrechten Sitz holen Sie mit beiden gestreckten Beinen richtig Schwung. Der Oberkörper neigt sich leicht nach vorne und die Beine werden hoch nach hinten oben, über die Kruppe des Pferdes geschwungen. Mit Ihren Armen stützen Sie sich auf den Griffen ab.

Sind beide Beine in der Luft, drehen Sie leicht Ihre Hüfte zum Longenführer und springen mit beiden Beinen seitlich am Pferd ab. Vorsicht, bitte bei der Landung unbedingt daran denken, den Schwung weich mit den Fuß-, Knie- und Hüftgelenken abzufangen. Nie mit gestreckten Beinen

Wenn Sie erst einige Male im Trab vom Pferd abgestiegen sind, zum selbst gewählten Zeitpunkt, verliert auch der Gedanke an einen Sturz etwas von seinem Schrecken.

Die Angst im Griff

Diese Absteigeübungen lassen sich auch sehr sinnvoll beim geführten Reiten mit Sattel einsetzen. Das ist nicht ganz so einfach wie vom blanken Pferderücken, aber sehr effektiv, da es ganz nah an die Reitrealität herankommt.
Eigentlich sollen Sie ja möglichst oben bleiben auf dem Pferd. Aber da Hochmut vor dem Fall kommt, sollte niemand denken, ihn kann es nicht erwischen. Gut, wenn Sie ein bisschen vorbereitet an die Dinge herangehen und prima, dass sie dabei auch eine große Portion Angst abgelegt haben.
Wenn Sie eine Ahnung davon bekommen haben, was Sie erwarten könnte, ist es nur noch halb so schlimm.
Lassen Sie sich also ruhig mal wieder fallen. Es gibt sicher jemanden in Ihrem Leben, der Sie auffängt.

landen, denn das würde Ihren Gelenken gar nicht gut tun.
– Die vorherige Übung können Sie hervorragend im Trab ausführen. Diesmal gilt es bei der Landung im Rhythmus des Pferdes mitzulaufen. Nun wissen Sie auch, warum Ihnen das Konditionstraining Joggen empfohlen wurde.
Sobald Sie den Boden berühren, fangen Sie an, im Trab mitzulaufen. Zum Ausbalancieren dürfen Sie ruhig wieder den Griffgurt benutzen. Bei dieser Übung lernen Sie auch, für den Fall, dass Sie mal vom gesattelten Pferd zu kippen drohen, dass es auch die Möglichkeit gibt, auf den Füßen zu bleiben und sich wieder zu fangen. Mag sich geschwind kompliziert anhören, ist aber in der Praxis ganz einfach und macht sehr viel Spaß.

Kräfteschonendes Aufsteigen

+ Normalerweise springt man beim Voltigieren auf das Pferd auf und da wird Ihnen wohl nach zwei bis drei Versuchen die Luft ausgehen. Gut, wenn Ihr Pferd große Plastiktonnen als ihm freundlich gesonnene Wesen akzeptiert. Klettern Sie tapfer auf die Tonne und von da aufs Pferd und weiter geht es mit dem Vergnügen.

Anekdote
Asbach, Whisky und Co.

Angi Meier (Sie erinnern sich?) ist mächtig stolz. Nach über einem Jahr Reitpause – warum, brauche ich wohl nicht mehr erklären – wagt sie es nun doch wieder. Hurra! Ein Neubeginn. Gemeinsam mit ihrer Freundin fährt Sie zu einem Wochenendreitkurs für Anfänger ins Grüne. Unterbringung im Gasthaus am Dorfrand. Täglich zwei Stunden Unterricht und eine Stunde Theorie. Klingt gut. Gesagt, getan und angemeldet.

Immerhin, im Schulstall ist eine Menge Licht – wenn auch das meiste aus Neonröhren fällt –, und es gibt eine Menge junger Mädchen, die beim Putzen und Satteln behilflich sind.

Angi hat erstaunlicherweise nur ein ganz klein wenig Angst. Irgendwie hat sie das Gefühl, schlimmer als bei ihrem ersten Versuch kann es ja nicht werden. (Arme Angi, so sehr kann man sich irren.)

Das ihr zugeteilte Schulpferd ist nicht zu groß und ansonsten auch recht freundlich. Jedenfalls hat es noch nicht gebissen und geschlagen. Herr Hinz, der Reitlehrer im besten Mannesalter, schreitet fröhlich pfeifend durch den Stall. Angi säuselt ergeben: »Schön, dass Sie so gut drauf sind, da fühlt man sich gleich besser vor der ersten Reitstunde.«

Herr Hinz bricht in schallendes Gelächter aus (Angi wird dieses noch öfter hören) und gurgelt: »Die Wochenendtrupps sind mir auch die liebsten«! – und zieht schmunzelnd seines Weges.

Angi guckt noch mal schnell, was für ein Name an der Tür ihres Pferdes steht. Aha, Asbach heißt der also. Interessant. Im Vorbei-führen, auf dem Weg zur Reithalle, liest sie aus den Augenwinkeln einige andere Namen: Whisky, Gin, Fernet etc. Irgendeine kleine, leise Stimme in ihrem Innern meldet sich zu Wort. Sei ruhig, befiehlt Angi ihr und betritt die Halle.

Hier ist ordentlich was los. Mit ihr sind es etwa zehn Schulreiter, die gleichzeitig reiten sollen. Herr Hinz wartet noch ab, bis alle oben sind – danke – und dann geht's schon los.

»Wirrrrr bilden eine Abteilung, Ramazotti vorn und im Arrrrrrbeits-tempo Scherrrriiiit !«

Moment mal, den Ton kennt Angi doch. Angi wirft noch einen letzten Blick auf ihre bis jetzt unversehrten Fingernägel und dann wird angetrabt. Asbach macht wie auf Kommando einen Satz und wieder einmal befindet Angi sich am Boden. Herr Hinz schlägt sich begeistert auf seine massigen Schenkel und grölt: – »Au weia, das sieht nach 'ner schönen Runde Asbach nachher am Stammtisch aus. Fein, fein, Sie haben sich doch nicht etwa weh getan? Ja, ja, so ist das Reiterleben, wer nicht vom Pferd fällt, ist auch kein Reiter.« –

Angi rappelt sich tapfer wieder auf und klettert stocksteif vor Angst nochmal auf Asbach. Ich brauche wohl eher nicht zu erwähnen, dass es am Stammtisch nachher noch 'ne Runde Fernet, Whisky, Gin usw. usw. geben wird. Jedes der Pferde ist im Besitz eines ganz eigenen Spaß-Repertoires und Herr Hinz (richtig geraten!) der Schanklizenz vom Reiterstübchen.

Arme Angi – also weitersuchen !!!

Wo ist die Leiter? –
Auf- und Absitzen

Endlich ist es soweit: Fuß in den Steigbügel und mit Schwung nach oben!

Halt, halt, nicht so schnell. Das Aufsitzen ohne Hilfsmittel kann dem Pferd körperlich schaden, denn der Reiterkörper hängt einen Moment lang mit seinem vollen Gewicht am Sattel und drückt dabei die gegenüberliegende Kammer fest an den empfindlichen Widerrist des Tieres. Das arme Pferd gerät ob der seitlichen Last, die es im Kampf gegen unelastisches Hüftgelenk und Erdanziehungskraft nicht schaffen will hochzukommen, schon mal in Schieflage oder ins Trudeln. Keine angenehmes Gefühl und doch soll es ja ganz ruhig und still stehen bleiben, bis der Reiter aufgesessen ist. Nun sind kleinere Pferde sicher leichter und schneller zu besteigen als sehr große, und geübte Reiter schwingen sich leicht und behände nach oben. Es spricht allerdings überhaupt nichts dagegen, beim Aufsitzen Hilfsmittel zu verwenden. Leider wurde man bis vor kurzem noch mitleidig belächelt oder als Oma oder Opa tituliert, wenn man von einem Stuhl oder einem sonstigem Utensil aus auf das Pferd klettern wollte. Aber wie in vielen Dingen rund um das Pferd, hat in den letzten Jahren ein dringend fälliger Umdenkungsprozess begonnen.

Es wird auch immer Situationen geben, in denen man einfach so, ohne Stuhl, aufsteigen muss. Das sollte auch jeder Reiter beherrschen. Aber was ist so verkehrt daran, in den täglichen normalen Arbeitssituationen, es dem Pferd so angenehm wie möglich zu machen.

Auch für den Reiter ist diese Form des Aufsteigens eher komfortabler. Für den nicht geübten Anfänger, also Sie persönlich, allemal.

Nicht mehr verpönt: der Griff zum Hocker

Greifen Sie also getrost zum nächsten Hocker und machen Sie es sich und dem Pferd bequem.

Wenn Sie bald ein gutes Stückchen weiter und geübter sind können Sie ja zwischendurch auch die Variante ohne Hilfe probieren. Üben Sie auch das Aufsitzen von der rechten Seite des Pferdes , mit dieser Aufsteigehilfe wird es leichter für Sie. Ganz wichtig, lassen Sie das Pferd beim Aufsteigen nicht aus den Augen. Aufsitzen mit Blick nur zum Hinterteil des Pferdes kann gefährlich werden, wenn sie vollkommen übersehen, dass Ihr Pferd gerade aus Angst vor irgendetwas anfängt mit den Augen zu rollen und den ersten Gang schon mal einlegt. Sie wissen ja, von 0 auf 100 in 3 Sekunden. Also bitte, den Kopf im Auge behalten und ein zappeliges Pferd erst wieder beruhigen, bevor Sie aufsitzen. Am Anfang sind Sie sowieso nicht allein auf dem Reitplatz. Bitten Sie im Zweifelsfall Ihren Ausbilder oder einen Teamkollegen um Hilfe.

Info

+ Über die dem Menschen ähnliche Händigkeit des Pferdes wissen Sie nun ja schon etwas. Das ständige einseitige Aufsitzen unterstützt den negativen Aspekt der Händigkeit bei Pferd und Reiter. Beiden tut es gut, wenn man flexibler arbeitet.

Der kann dann auch gleichzeitig am Sattel gegenhalten, das heißt, im Moment Ihres Aufstiegs den gegenüberliegenden, noch freien Bügel mit Gewicht belasten, um den Sattel korrekt in seiner Position zu halten und den Druck auf den Widerrist so gut wie möglich zu verringern.

Es braucht wohl nicht erwähnt zu werden, dass Sie auf der linken Seite zuerst mit dem linken Fuß und auf der rechten zuerst mit dem rechten Fuß in den Steigbügel treten, um dann das freie Bein über den Sattel zu heben.

....

1 *Schnecke steht geduldig still, bis Steffi aufge-*
   stiegen ist.
2 *So kann der Sattel auf keinen Fall rutschen.*

....

Step ^{by} Step

Aufsteigen

1 Beim Aufsitzen werden die Zügel unbedingt aufgenommen, damit Sie das Pferd in dieser Phase gleich unter Kontrolle haben. Der Fuß wird in den Steigbügel gesetzt.

2 Die andere Hand fasst über den Sattel und findet hier Halt, Sie stoßen sich mit dem Fuß ab. Bedenken Sie bitte, dass das Einsitzen in den Sattel federleicht und langsam abläuft. Oben angekommen sortieren Sie in Ruhe Zügel und Bügelriemen.

3 Die ungefähre Bügellänge haben Sie von unten schon eingestellt.

4 Soll trotzdem noch etwas verändert werden, wird Ihnen in diesem Stadium sicher gern jemand behilflich sein. Sie reiten erst los, wenn alles in Ordnung ist. Eine schöne Übung auch für den Gehorsam des Pferdes. Denn so wie Sie sich in Geduld üben müssen, gilt das beim Aufsteigen für Ihr Pferd.

5 Diese Aufsteigevariante ist nur für geübte Kletterkünstler zu empfehlen.

Die Erde hat uns wieder

Für den Abstieg gelten ähnliche Regeln. Sie suchen sich zuerst einen ruhigen Platz inmitten der Reitbahn, üblicherweise senkrecht zur Mittellinie. Lassen Sie Ihr Pferd stehen und entspannen Sie beide. Mit einem freundlichen: »Schön war's!« und ausgiebigem Streicheln verabschieden Sie sich von Ihrem Pferd, indem Sie beide Füße aus den Bügeln nehmen und ein Bein – die Seite des Abstiegs sei Ihnen überlassen – nach hinten über den Sattel nehmen. Nun rutschen Sie langsam seitlich am Pferd herunter und landen mit weich federnden Knien auf dem Boden.

Manche Ausbilder werden Sie vielleicht den einen Fuß im Bügel stehen lassen. Das macht auf einem sehr großen Pferd keinen Sinn, denn Sie befinden sich in der Abstiegsphase dann in einer für Sie sehr strapaziösen Haltung. Wenn Sie Obacht geben, dass Sie nicht mit zu viel Schwung auf dem Boden ankommen, wird es Ihren Gelenken nicht schaden, ohne Bügelstütze abzusitzen.

Wenn Sie gut zielen können, dann bleibt Ihnen auch noch die Möglichkeit auf denselben Hocker abzusteigen, von dem Sie auch hochgeklettert sind.

Falls Sie noch etwas Zeit haben, können Sie ja durchaus noch ein paar Minuten das Holzpferd mit Ihren Auf- und Absteigeübungen erfreuen. Aber vergessen Sie nicht, auch diesem mal ein Möhrchen vorzuhalten.

Ein Wort zu Hilfszügeln

Da Sie am Anfang Ihrer Reiterlaufbahn ein Pferd noch nicht korrekt über den Rücken reiten können, ist die Verschnallung von Hilfszügeln, die Sie bei diesem Vorhaben unterstützen, durchaus angebracht. Sie sollen ja schließlich erst einmal sitzen lernen, und das können Sie nur auf einem den Rücken aufwölbenden Pferd. Da Sie aber mit der Zügelführung und deren Feinabstimmung auch noch nicht vertraut sind, ist das Fiasko

Tipp

+ Gut sitzende und korrekt verschnallte Elemente fügen dem Pferd weder physischen noch psychischen Schaden zu, wenn sie mit Sachverstand und Gefühl eingesetzt werden. Es macht keinen Sinn, wenn ungeübte Reiter das Pferd ständig so reiten, dass es gesundheitliche Probleme bekommt. Für den Reitanfänger im Sattel bedeutet das: Hilfszügel sind erlaubt, weil sinnvoll.

ohne Hilfszügel bald perfekt. Heraus kommt ein gegenseitiges Stossen und Zerren, das keinem der Beteiligten Freude macht. Für alle Übungen im Schritt ist das Einschnallen von Hilfszügeln noch nicht nötig, denn dabei können Sie durch den ruhigen Bewegungsablauf sehr koordiniert sitzen und sogar teilweise schon richtig einwirken. Im Trab sind Sie aber dann überfordert.

Leider gibt es viele selbst ernannte »gute« Reiter, die aus Unfähigkeit oder Unkenntnis oder einfach nur aus Bequemlichkeit, zu sehr üblen Hilfsmitteln greifen. Was man hier zum Teil sehen kann, ist tatsächlich haarsträubend. Manchmal hat

man den Eindruck, es wurde alles eingeschnallt, was der Schrank hergibt. Dummerweise bringt das Zusammenzerren der Pferde vorn bei permanentem Sporeneinsatz hinten, gar nichts – außer Qualen für das Tier. Und natürlich wird dem Pferd bei solch grober Behandlung auch der Geist gebrochen. Die Hilflosigkeit dieser Reiter, die sich nicht eingestehen wollen, dass sie sich selbst und nicht das Pferd korrigieren sollten, ist leider immer noch sehr oft zu beobachten. Natürlich kommen diese Reiter mit der Holzhammer-Methode auf Dauer nicht weiter. Aber dann ist eben wieder das Pferd schuld. Dann kommt »der Schinder« halt weg und ein anderer her. Sehr, sehr schade!

Aber schließlich haben Sie ja eine Reitschule gewählt, die Ihnen die Augen dafür öffnet, dass Sie einen oben beschriebenen Reiter schon ganz früh erkennen können. Dem werden Sie dann mit Sicherheit nicht zujubeln, sondern sich mit Bedauern für das Pferd umdrehen und gehen. Es ist eben nicht alles Gold, was glänzt.

Wenn bei Ihrem Lehrpferd Hilfszügel eingesetzt werden, fragen Sie ruhig nach, warum, was sie bewirken, wie man sie verschnallt usw. Sie kennen doch alle den alten Kinderreim: Warum, warum, warum – wer nicht fragt, bleibt dumm.

....

1 *Steffi's Reitkünste werden durch locker verschnallte Dreieckszügel unterstützt.*

2 *Danke, Midi 2, dass du mich nicht runtergeworfen hast!*

....

Sitzübungen
mit Sattel

Die nun folgenden Übungen sind zu Ihrer Sensibilisierung gedacht.

Sie sollen Sie auf die ersten Longestunden vorbereiten, die Sie im Sattel sitzend, fast schon wie ein richtiger Reiter, absolvieren.

Feng Shui für den Popo

Nun ist es an der Zeit, Sie auf den Sitz im Sattel vorzubereiten. Damit Sie sich auch hier wie Zuhause fühlen können, fangen wir erst mal mit einer weniger bequemen Position an: Machen Sie auf dem Sattel eine halbe Mühle, so dass Sie andersherum sitzen, mit Blick über die Kruppe des Pferdes. Ihr Popo wird dies mit einem Zähneknirschen quittieren, denn der Sattel ist so konzipiert, dass Sie in Richtung Pferdekopf sitzen. Auch Ihr Gesichtsausdruck ist eher skeptisch. Richtig wohl fühlen Sie sich so nicht. Das Ganze braucht auch nur ein paar Minuten zu dauern, dann können Sie sich umdrehen. Oh, herrlich. Richtig schön bequem so ein Sattel. Tja, diese Übung war lediglich ein psychologischer Trick, damit Sie den Sattel ganz toll finden, wenn er richtig herum genutzt wird, und Sie nicht Ihrer Kuscheldecke mit Gurt nachweinen. Für die weitere Arbeit auf dem Pferd und auch zur Schonung seines Rückens ist der Sattel aber unentbehrlich.

Die Bügellänge haben Sie sich schon vor dem Aufsteigen eingestellt. Wenn Sie es sich auf dem Sattel bequem gemacht haben, werden wir das Pferd Schritt gehen lassen. Das kann, ganz nach Ihrem Wunsch, an der Longe oder durch eine mitlaufende Führperson der Fall sein. Sie haben jetzt eine ganze Weile die Gelegenheit, sich mit dem Sitzgefühl auf einem Sat-

tel vertraut zu machen und immer wieder zu üben, aus den Steigbügeln herauszuschlüpfen und diese blitzschnell wieder aufzunehmen. So etwas muss man üben, dann gelingt es auch im Ernstfall, wenn Sie z. B. bei den ersten Trabversuchen vielleicht einen Bügel verlieren. Dann brauchen Sie nicht unsicher werden, sondern angeln ihn einfach wieder unter Ihren Fuß.

Gelingt Ihnen das nicht auf Anhieb, können Sie immer noch durch das Andrücken beider Knie an den Sattel Halt finden und vielleicht mit einer Hand beim Aufnehmen des Bügels nachhelfen.

Jetzt sind Sie aber in Ruhe im Schritt unterwegs und haben alle Zeit der Welt, um zu üben.

Wenn Sie auf sicheres Schuhwerk geachtet haben, können Sie ohnehin nicht so leicht im Bügel stecken bleiben.

Bis jetzt haben Sie schon allerhand geleistet und gelernt und sind nicht zu Schaden gekommen. Der nächste Praxisunterricht sind Longenstunden. Jetzt gilt's. Freuen Sie sich schon mal darauf!

Der Sitz

»Bitte Platz nehmen!« – Kurz und knapp wird hier eine der größten Herausforderungen benannt, die das Reiten zu bieten hat. Um das Idealbild des Grundsitzes zu Pferd zu erreichen, spielen eine Menge Faktoren eine Rolle.

Die Anweisungen der meisten Reitlehrer beschränken sich auf: Kopf hoch, Schultern nach hinten, Kreuz gerade, Unterschenkel zurück, Absatz tief und führen oft, speziell beim erwachsenen Reitanfänger, zu einer nun vollends verkrampften Haltung. Der Reitanfänger ist ausschließlich damit beschäftigt, sich auf seine jeweils einzelnen Körperteile und deren Koordination miteinander zu konzentrieren. Das Ganze findet dann auch noch in Kombination mit den ungewohnten Bewegungen des Pferdekörpers statt. Ein lockerer, geschmeidiger Sitz mit gelöster Muskulatur und der notwendigen Portion Körperspannung, ist dadurch nicht erreichbar.

Sehr schade eigentlich, dass die meisten Ausbilder sich dermaßen an diesem Idealbild des Sitzes festbeißen und dabei völlig übersehen, was der Schüler vielleicht an positiver Grundhaltung mitbringt, die man dann allmählich verfeinern und verbessern kann.

Es ist keine Frage, dass erst ein korrekter und losgelassener Sitz die nötige Balance bringt, mit der man als Reiter durch feinste Signale auf das Pferd einwirken kann.

Aber der Weg zu diesem Ziel sollte endlich einmal überdacht werden.

Allen Reitstilen gemein: ein ausbalancierter, tiefer Sitz

Sicher hat es sich längst schon herumgesprochen, dass es durchaus sehr unterschiedliche Reitstile auf der Welt gibt, die auch in der Sitzform differieren. Ein klares und gemeinsames Ziel aller Reitstile ist der Sitz in Balance, also Gleichgewicht und größtmöglicher Übereinstimmung der Schwerpunkte von Reiter und Pferd. Nur so kann auf Dauer das Pferd und auch der Reiter gesund bleiben.

Die Faktoren, die einem Idealbild des Sitzes von Anfang an entgegenarbeiten, sind zum Beispiel ein schlecht oder noch unzureichend ausgebildetes, in sich schiefes Pferd, das den Reiter niemals locker und gleichmäßig sitzen lassen wird. Oder ein nicht passender Sattel, der dem Pferd Schmerzen

Nicht wirklich bequem für Roland!

verursacht und es ungleichmäßig laufen lässt. Die mangelhafte Passform des Sattels kann sich auch erst über den Reiterkörper negativ auf den Bewegungsablauf des Pferdes auswirken, nämlich dann, wenn der Reiter nicht im Schwerpunkt sitzt, sondern z. B. viel zu weit nach hinten Richtung Nierenpartie.

Auch der Reiter hat mit angeborenen oder fehlerhaft antrainierten Körperhaltungsformen zu kämpfen. Wie soll er auf dem sich bewegenden Pferd, als Anfänger und darüber hinaus noch mit einer leichten, durch Verschleiß bedingten Wirbelsäulenkrümmung den Anforderungen des Ausbilders in Perfektion Folge leisten können?

Was denken Sie, wie viele Pferde, dazu noch Lehrpferde, gibt es, die exakt gerade gerichtet und mit schwingendem Rücken, unter einem perfekt sitzenden Sattel laufen? Wie viele Reiter mag es geben, die mit keinerlei körperlichen Handicaps belastet, völlig korrekt im Schwerpunkt des, Ihrem Allerwertesten wie angegossen passenden, Sattels sitzen? Glauben Sie, dass es diese Idealvoraussetzungen oft gibt?

Natürlich nicht! Das ist sehr selten der Fall.
Viele langjährige Reiter erscheinen einem Anfänger beim Betrachten als wahre Sitzwunder. Leider steckt auch bei ganz
vielen Fortgeschrittenen ein Trick hinter dieser Fassade.
Um dem Idealbild des Sitzes und den Wünschen Ihres Ausbilders zu entsprechen, kompensieren viele einen nicht balan-
cierten Sitz durch Festhalten am Zügel, klammernde
Schenkel und extrem schweres Einsitzen mit dem Kreuz.
Geschwind entsteht der Eindruck: Der kann aber sitzen. Bei
genauerer Betrachtung verliert sich dieser Glanz. Diese Reiter
können niemals fein einwirken. Um was für eine Erfahrung
sie sich doch selbst bringen. Das soll Ihnen erspart bleiben.
Wir fangen die Sitz-Geschichte ein wenig anders an.
Auch Sie werden dazu angeleitet, dem Idealbild des Sitzes
nahe zu kommen, aber behutsam, Schritt für Schritt und

Info

+ Ein gesundes Mittelmaß an Spannung und Entspannung,
ist ein absolut erstrebenswertes Ziel und fördert Ihre gemeinsame Feinabstimmung ungemein.

ohne die von Ihnen mitgebrachte, selbstverständliche Haltung zu zerstören. Wir werden daran arbeiten, Sie in die Balance zu bringen und aus der Sicherheit und Kenntnis über
den Bewegungsablauf des Pferdes, Ihren Natursitz verfeinern
und vervollkommnen.
Schon die allerersten Übungen, das Turnen auf dem stehenden Pferd, dienen auch der Entwicklung eines guten Sitzes.
Denn nur, wo Sie sich wohl fühlen, da lassen Sie sich auch
gerne nieder, oder?
Das sichere Gespür für den Bewegungsablauf des Pferdes ist
eine Grundvoraussetzung für gutes Balancegefühl. Das Reiten ohne Sattel, mit Fühlübungen zur Fußfolge und den
Schwingungen des Pferderückens, ist hierfür sehr sinnvoll.
Gleichzeitig fördert es auch in besonderem Maße Ihren
Gleichgewichtssinn.

Das Idealbild

– Sie sitzen mit losgelassener Gesäßmuskulatur gleichmäßig
auf beiden Gesäßknochen.
– Ihre Knie liegen mit der flachen Innenseite am Sattel an.
Die Unterschenkel hängen leicht nach rückwärts am Pferdebauch herab.

Alles stimmt noch nicht, aber Steffi gibt sich Mühe.

- Mit der flachen, inneren Wade halten Sie eine feine Fühlung zum Pferd.
- Die Steigbügel werden unter Ihrem Fußballen aufgenommen und möglichst gleichmäßig belastet. Die Fußspitzen deuten ein ganz klein wenig weg vom Pferd. Das Fußgelenk bleibt locker, um Ihr Gewicht ständig weich nach unten über den Absatz durchfedern zu lassen.
- Ihr Oberkörper ist aufgerichtet und die Schultern werden leicht zurückgenommen, dabei nicht hochgezogen.
- Den Kopf tragen Sie frei und aufrecht.
- Die Arme hängen lässig an den Oberseiten Ihres Oberkörpers herab. Auf Höhe der Ellbogen liegen diese mit Ihren Unterarmen locker am Körper an. Ihre Hände tragen Sie geschlossen und senkrecht, mit auf dem Zügel liegenden Daumen.
- Von der Seite aus betrachtet sollen Ihre Schulter, Ihre Hüfte und Ihre Ferse eine senkrechte Linie bilden.

Jeder Reitanfänger bringt gewisse Elemente aus diesem Sitzschema schon mit. Genau die gilt es auszubauen und nicht in Verkrampfung zu zerstören. Geduld, viel Übung und Feinarbeit sind nun von Ihnen, Ihrem Ausbilder – und zumindest was die Geduld betrifft, auch von Ihrem Lehrpferd – gefragt.
Der schon so oft geschriebene und gesprochene Satz: »Reiten lernt man nur durch Reiten!« ist immer noch eine der ehrlichsten Aussagen in der ganzen Reiterei.
Lassen Sie sich zu Ostern, Pfingsten, Weihnachten, Geburtstagen, Namenstagen, Hochzeitstagen, Valentinstagen und, und, und, reichlich beschenken – natürlich mit Reitstunden!

....

Achtung, wenn Sie Ringe tragen. Sie können an Schnallen hängen bleiben oder sich die Finger aufscheuern. Legen Sie deshalb am Stall den Schmuck lieber ab.

....

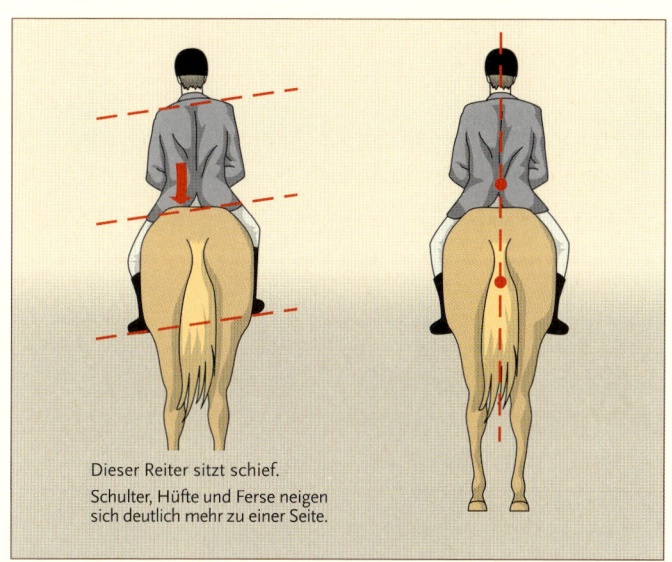

Dieser Reiter sitzt schief.
Schulter, Hüfte und Ferse neigen sich deutlich mehr zu einer Seite.

Eine Variante: der Entlastungs- oder leichte Sitz

Beim Springen und im Gelände wird gern im Entlastungssitz geritten. Den werden Sie nun einnehmen. Nein, Sie brauchen sich nicht den Angstschweiß von der Stirn wischen.
Oder sehen Sie irgendwo Hindernisse?
Ihre Steigbügel verkürzen wir um zwei, drei Löcher, um Ihnen das Ausbalancieren in den Bügeln im Trab zu erleichtern. Aussitzen, also mit ruhigem Körper im Sattel sitzen bleiben und den Bewegungen des Pferdes geschmeidig folgen, fällt Ihnen noch zu schwer. Also, los geht's. Sie traben an. Keine Bange, es ist gar nicht anders als mit dem Griffgurt, und Ihr Ausbilder kann Ihnen jederzeit helfen.

Geduldige Sitzkorrekturen in jeder Situation darf man von einem guten Ausbilder erwarten.

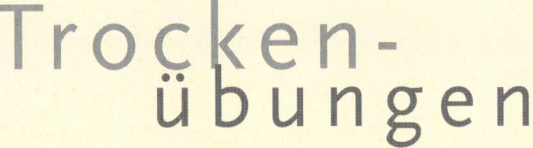

Trocken- übungen

+ Um eine aufrechte Haltung mit zurückgenommenen Schultern zu üben, können Sie Folgendes tun:

+ Wenn Sie einen gemütlichen Spaziergang mit Ihrem Hund oder einem anderen Partner Ihrer Wahl machen, verschränken Sie die Hände auf dem Rücken. Das strafft Ihren Oberkörper, Sie richten sich gleich mehr auf.

+ Gemeinerweise wird diese Haltung oft als – Lehrergang bezeichnet, und da ist was Wahres dran: Sie verleiht jedem die Ausstrahlung von Konzentration und Interesse und auch eine gewisse Autorität, durch die Aufrichtung der ganzen Person. Üben Sie mal Ihre Wirkung und gewöhnen Sie Ihren Körper gleichzeitig an diese Haltung.

Die Zügel haben Sie aufgenommen und Ihre Hände dürfen sie jetzt noch, wenn nötig, links und rechts vom Mähnenkamm am Pferdehals abstützen. Mit der dosierten Hilfe beider Schenkel und auch wieder mit Ihrer Stimme geben Sie das Signal zum Antraben.
Als Erstes üben wir den Entlastungssitz. Ihr Gesäß bleibt am, aber nicht fest im Sattel. Ihr Oberkörper darf ein bisschen vorgeneigt werden und Ihr Gewicht wird nun über Oberschenkel und Knie vermehrt auf die Seiten des Pferdes verlagert. Behalten Sie die Unterschenkel an ihrem Platz, sie dürfen nicht nach hinten rutschen. Durch diese Sitzposition wird Ihnen das erste Traben erleichtert, denn Ihr Gewicht,

Der Ent-
lastungssitz

+ dient der Ausbildung junger Pferde mit noch unzu-
reichender Rückenmuskulatur,

+ empfiehlt sich im Gelände, um beim Überwinden von
Bodenunebenheiten den Rücken Ihres Pferdes zu schonen und schneller zu reagieren,

+ wird im Springpferdetraining oft angewandt, wenn ein
schneller Wechsel der Sitzposition nötig ist.

das Sie mit den Hüften noch nicht richtig geschmeidig aus-
schwingen können, kann nun durch das Durchfedern in
Hüft-, Knie- und Fußgelenk weich abgefangen werden.

Die Steigerung: der Springsitz

Nun wird der Po etwas aus dem Sattel angehoben und nach
hinten geschoben. Ihr Oberkörper neigt sich nach vorn, die
Hände stützen Sie nun wirklich am Pferdehals ab. Achten
sie darauf, dass Ihre Schulter-, Ellbogen- und Handgelenke
nicht starr, sondern losgelassen sind. Ihre Füße sind ein
klein wenig mehr nach vorne in die Steigbügel geschoben,
sodass es Ihnen leichter fällt, darauf zu balancieren. Die
Knie- und Hüftgelenke federn wieder weich mit. Ihre Unterschenkel liegen ohne nach hinten zu rutschen ruhig am
Pferdebauch.
Natürlich müssen Sie das jetzt nicht zehn Runden am Stück
durchhalten. Wir machen immer wieder zwischendurch eine
Schrittpause, in der Sie sich erholen können. Aber dann wird

weitergemacht, denn Körperbeherrschung muss man trainieren, die kommt nicht einfach so angeflogen.
Außerdem sollten Sie für Ihre langen Galoppaden über die
Wiese gerüstet sein und dafür brauchen Sie den leichten Sitz.
Eine heiße Dusche nachher vertreibt den schlimmsten Muskelkater. Machen Sie sich einen schönen Abend und seien Sie
stolz auf sich.

*Toll! Steffi balanciert sich aus und streckt sogar
eine Hand zur Seite.*

Etwas Theorie vorweg:
die Hilfen

Als Reiter haben Sie verschiedene Möglichkeiten auf Ihr Pferd einzuwirken, die so genannten Hilfen sind dabei das Kommunikationsmittel, das Ihnen vom Sattel aus zur Verfügung steht.

Diese Einwirkung kann über
– Gewichtsverlagerung und Atmung
– Schenkellage und -Druck
– Zügelhilfen
– Stimme
erfolgen. All diese Hilfen, in entsprechender Kombination angewendet, ergeben die Sprache, mit der Sie Ihrem Pferd mitteilen, was Sie möchten. Diese Mitteilungsmöglichkeiten in Perfektion auszuüben, sodass der Betrachter davon nichts sieht, bedarf jahrelanger Übung. – Aber irgendwann muss man schließlich anfangen.

Trocken-übung

+ Nehmen Sie mal jemanden auf Ihre Schultern, diese Person soll sich dann unvermutet zur Seite lehnen. Hoppla! Sie werden einige Ausfallschritte brauchen, um Ihr beider Gleichgewicht wiederherzustellen.

Gewichtsverlagerung/Atmung

Für Sie als Anfänger sehr leicht, auch in der Praxis zu verstehen, ist die Gewichtsverlagerung. Das Pferd folgt sozusagen einem Naturgesetz und tritt unter Ihren Schwerpunkt, um selbst in Balance zu bleiben. Die **Gewichtshilfen** unterteilen sich in beidseitig belastende, einseitig belastende und entlastende und dienen zur Steuerung sowie zur Kontrolle des Tempos.

Befassen wir uns zuerst mit der Steuerung:

Um Wendungen reiten zu können, müssen Sie lernen, Ihr Gewicht zielgenau auf einen Gesäßknochen verlegen zu können, und zwar den, in dessen Richtung Sie reiten wollen. Wollen Sie also nach links abbiegen, belasten Sie Ihren linken Gesäßknochen vermehrt und geben schon damit dem Pferd den ersten Impuls, mit Ihnen in die Wendung zu gehen, da es immer bemüht sein wird, Ihrem Gewicht zu folgen, um sein eigenes Gleichgewicht wiederherzustellen. In diesem Moment schiebt sich Ihre linke (innere) Hüfte nach vorn und Ihre rechte (äußere) nach hinten. Am besten ist es, Sie schauen während des Abwendens auch in die Richtung, in die Sie reiten, denn dann dreht sich automatisch, wie gewünscht, auch Ihre rechte Schulter (die äußere in diesem Fall) mit nach vorn.
Auf keinen Fall dürfen Sie bei dieser Gewichtsverlagerung nach links in der linken Hüfte einknicken. Denn dadurch werden die Faktoren umgekehrt und Ihr rechter Gesäßknochen würde stattdessen richtungsweisend auf das Pferd einwirken (Beispiel für rechts eingeknickte Hüfe siehe Abbil-

Dieser Reiter knickt in der Hüfte ein.

Es ist deutlich zu erkennen, dass sich der Belastungsschwerpunkt dadurch umkehrt.

Statt der rechten belastet er nun ungewollt die linke Körperhälfte.

dung). Haben Sie übrigens auch auf Ihr inneres Knie geachtet? Das wird ebenfalls tief gebracht.

Ihr Oberkörper muss bei der ganzen Aktion aufrecht bleiben. Sobald Sie wieder geradeaus reiten wollen, richten Sie auch Ihr Becken und Ihre Schultern wieder gerade.

Wirklich fein gerittene Pferde lassen sich mit diesen Gewichtshilfen auch ohne Zaumzeug, z. B. nur mit einem Halsring, kreuz und quer durch die Reitbahn steuern.

Durch *beidseitig belastende* Gewichtshilfen können Sie das Tempo beeinflussen. Durch ein vermehrtes Aufrichten Ihres Oberkörpers und gleichzeitiges Anspannen Ihrer Gesäßmuskulatur veranlassen Sie Ihr Pferd entweder zu vermehrter Schubkraft der Hinterbeine oder Sie wirken verhaltend ein. Das klingt jetzt wahrscheinlich ein wenig irreführend für Sie, dass mit ein und derselben Aktion zwei unterschiedliche Ziele erreicht werden können. Hier spielen die verschiedenen Kombinationen aus Gewichts-, Schenkel- und Zügelhilfen eine Rolle und die angestrebte Gymnastizierung des Pferdes. Wenn das Pferd den vorwärtstreibenden Gewichts- und Schenkelhilfen willig folgt und gleichzeitig die verhaltende Zügeleinwirkung akzeptiert, also das Genick öffnet, ist der Punkt der sehr guten Gymnastizierung erreicht. Durch dieses Antreten von hinten nach vorne und die entsprechende Rundung dabei, wird das Pferd nun wie eine Ziehharmonika geritten. Auch dieses Instrument tönt nur schön in einer

Tipp

+ **Kleine Faustregel in jeder Wendung:**

Äußere Schulter und innere Hüfte vor.

gewissen Spannung. Überdehnt man sie, ist sie kaputt, lässt man sie zusammengepresst, kommt auch kein Ton heraus. Die *entlastende Gewichtshilfe* wird bei ganz jungen Pferden oder beim Rückwärtstreten eingesetzt. Hierbei verlagern Sie das Gewicht vermehrt auf Ihre Oberschenkel, ohne jedoch das Gesäß aus dem Sattel zu nehmen.

Ihre Atmung kann durchaus unterstützend auf die Gewichtshilfen einwirken. Atmen Sie zum Beispiel deutlich ein, spannt sich Ihr Körper und hebt sich. Atmen Sie bewusst aus, entspannen Sie und sitzen vermehrt ein. Das kann bei einem sensiblen Pferd schon zum Halten, selbst aus höheren Gangarten reichen. Mit regelmäßiger Atmung können Sie auch den Rhythmus, also den Takt der jeweiligen Gangart bestimmen und Sie können in Stresssituationen beruhigend einwirken, indem Sie gleichmäßig und ruhig weiteratmen.

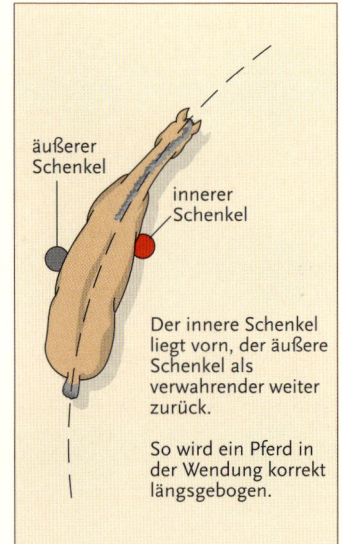

äußerer Schenkel

innerer Schenkel

Der innere Schenkel liegt vorn, der äußere Schenkel als verwahrender weiter zurück.

So wird ein Pferd in der Wendung korrekt längsgebogen.

kel rechtsherum ist in diesem Fall Ihr rechter Schenkel (innerer) der treibende am Gurt und der linke Schenkel (äußerer) der verwahrende hinter dem Gurt. Dieser verwahrende Schenkel ist nun zuständig dafür, dass das Pferd sich in seiner gesamten Längsachse biegt, also nicht einfach mit der Hinterhand herausschert und mehr oder weniger ungebogen und damit nicht gymnastiziert weiterläuft.

Schenkellage und -druck

Die Unterschenkel sollen, wie Sie bei den Sitzübungen gelernt haben, leicht und ruhig am Pferdeleib ruhen. Genutzt wird die Schenkelhilfe für Richtungs- und/oder Tempoänderungen. Unterstützt von vorangehenden Hilfen wie Stimme oder Gewicht sollen die Schenkel impulsmäßig – mit Betonung auf mäßig – eingesetzt werden, um das Pferd nicht abzustumpfen. Sie setzen also Ihre Schenkelhilfe nur dann ein, wenn etwas gefordert ist und werden wieder passiv, wenn es erreicht wurde. Ihr Schenkel kann sowohl vorwärtstreibend eingesetzt werden wie auch verwahrend. Der *vorwärtstreibende Schenkel* gibt seinen Impuls nahe am Sattelgurt. Der *verwahrend wirkende* etwa eine Handbreit weiter hinten am Bauch. Auf gebogenen Linien benötigen Sie jeweils den einen und den anderen in Kombination. Beim Reiten auf einem Zir-

Gegenseitiges Vertrauen und eine gute Ausbildung sind die Basis für so ein Team.

Info

+ Ihr jeweiliger Schenkel beeinflusst immer den gleich-
seitigen Hinterfuß des Pferdes.

Bei weiterführenden Übungen wie den Seitengängen lernen Sie, den Schenkel auch *seitwärtstreibend* einzusetzen. Die Dosierung des Schenkelimpulses oder Schenkeldrucks sollte immer vom weichsten und feinsten ausgehen und nur bei Bedarf verstärkt werden.

1 *Der Steigbügel ist korrekt unter dem Zehenballen aufgenommen.*
2 *Hier muss der treibende Schenkel liegen.*

Zügelhilfen

Erst mal werden die Zügel von Ihnen mit unverkrampften, aber geschlossenen Fingern zwischen dem Ring- und dem kleinen Finger gehalten. Stellen Sie sich einfach vor, Sie hätten ein kleines, zartes Vögelchen zwischen Ihren Fingern, dann kann ein – zur Faust ballen – der Hände erst gar nicht passieren. Ihre Hände stehen aufrecht und der Daumen liegt locker oben auf dem Zügel und damit gleichzeitig auf dem Zeigefinger, über den das Zügelende läuft. Aus Ihrem lockeren Handgelenk heraus können Sie nun die entsprechenden Zügelhilfen geben. Diese können annehmende, nachgebende und verwahrende sein.

Die *annehmende* verwenden Sie hauptsächlich bei Übergängen in eine niedere Gangart, bei Temporegulierungen, beim Halten oder beim Einleiten bestimmter Übungen, also auch seitwärtsweisend. Das Maß des Annehmens richtet sich nach der Qualität Ihrer bereits erteilten Gewichts- oder Schenkel-

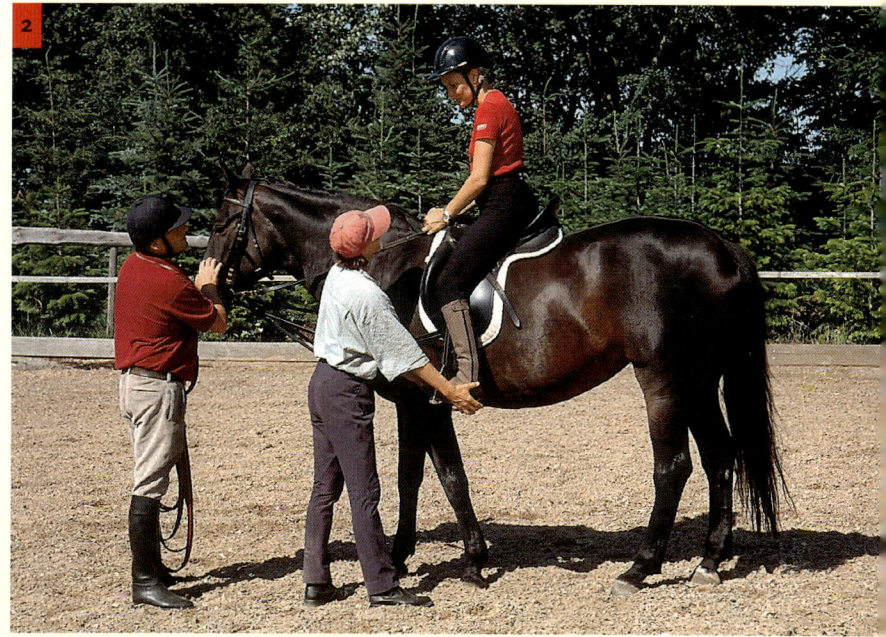

hilfen. Waren diese gut, benötigen Sie nur leichteste Verbindung zum Pferdemaul. Einfach nur nach hinten ziehen dürfen Sie auf gar keinen Fall.

Sie können sich sicher vorstellen, welche Qualen im Pferdemaul ein Eisenstück verursachen kann, das gefühllos und grob genutzt wird. Daher bitte immer die sanfteste Form der Kommunikation wählen. Oft reicht schon ein kleines Fingerzucken, um das Pferd aufmerksam zu machen.

Auch hier gilt, ist die gewünschte Reaktion erfolgt, sofort die annehmende mit einer wieder nachgebenden Zügelhilfe ablösen. Das Nachgeben kann, je nach Situation und Bedarf, bis zur völligen Dehnung des Pferdes erfolgen.

Die verwahrende Zügelhilfe hat einen ähnlichen Zweck, wie der verwahrende Schenkel.

Sobald Sie mit dem linken (inneren) Zügel eine Hilfe zur Linksbiegung und Stellung des Halses geben, erfolgt mit dem rechten (äußeren) Zügel die verwahrende oder begrenzende Zügelhilfe. *Verwahrend* bedeutet für Sie einfach ruhig die Verbindung zu halten. Aber Vorsicht: Ihre äußere Hand darf

Tipp

Für die Anwendung aller Hilfen gilt:

+ diese nie in einer bestimmten Haltung erstarren zu lassen, sondern flexibel, geschmeidig und harmonisch den Bewegungen des Pferdes zu folgen.

keinesfalls starr gegenhalten, sie müssen die gewünschte Stellung ja auch zulassen. Folgen Sie so weit wie nötig der Biegebewegung und beachten Sie dabei, das Pferd an beiden Zügeln zu halten, also den äußeren nicht durchhängen lassen.

Sie sollten stets bemüht sein, den Kontakt über den Zügel zum Pferdemaul so weich und elastisch wie möglich zu erhalten. Nutzen Sie die Zügel niemals zum Ziehen oder Festhalten, denn dafür sind sie nicht gedacht. Egal, was Sie so an vermeintlichen Profis zu sehen bekommen in Ihrem Reiterleben, lassen Sie sich nie dazu verleiten, dem Pferd gegenüber grob zu werden oder solche Verhaltensmuster von bekannten Persönlichkeiten zu kopieren.

Stimme

Die Stimme spielt bei dem Hilfen-Repertoire eine große Rolle. Unsinnigerweise ist es oft verpönt, auch auf verbaler Ebene mit dem Pferd zu arbeiten. Dabei bringt es beiden, Pferd und Reiter enorme Erleichterungen. Was bitte spricht dagegen, wenn ein Pferd so ausgebildet wird, dass es auf das leiseste geflüsterte Wörtchen »Ho« anhält oder »Galopp« an-

Die Finger sollen locker geschlossen sein und auf keinen Fall verkrampfen.

springt, ohne dass Sie irgendwelche anderen Mittel anwenden müssen?

Nichts! Natürlich ist es sinnvoll, wenn es auch auf alle anderen Hilfen sehr gut reagiert, denn sonst müsste dieses Pferd immer mit einem Handbuch der gebräuchlichsten Worte an andere Reiter gegeben werden. Eine vielseitige Ausbildung, zu der aber auch Stimm-Sensibilität gehört, hat noch keinem Pferd geschadet.

Außerdem können Sie ein auf die Stimme aufmerksam gemachtes Pferd auch viel leichter beruhigen, falls nötig oder bestärken. Näheres zur Stimme können Sie auch bei der Dosierung der Hilfen noch mal nachlesen.

Sie werden nun eine ganze Weile damit zu tun haben, all diese Hilfen unter einen Hut zu bringen und zu lernen, sie ihrem Zweck entsprechend auszuführen. Da dies auch noch in unterschiedlichsten Kombinationen gefragt ist, haben Sie allerhand vor.

Schön, es ist eine Freude, zu beobachten, wie Sie Schrittchen für Schrittchen in die richtige Richtung marschieren.

Lassen Sie sich bloß nicht vom Weg abbringen und fragen Sie ruhig ab und zu mal Ihr Pferd um Rat, es hat viel Verständnis für Sie!

Info

+ Ein gut ausgebildetes Pferd reagiert tatsächlich fast auf reine Gedankenübertragung.

+ Dies ist nicht übertrieben, aber leider auch nicht oft zu sehen.

+ Ihnen sei es gegönnt, da Sie sich beim Lernen so viel Mühe geben, dieses herrliche Gefühl der inneren Verbundenheit mit dem Pferd erleben zu dürfen.

Na, Große Maus, hab' ich es richtig gemacht?

Weniger ist mehr!

Vielleicht sind Sie erstaunt, mit wie wenig physischem Aufwand ein Pferd sich kontrollieren und regulieren lässt. Das ist allerdings auch der Sinn der ganzen Reiterei: die Minimierung der Hilfen, das harmonische Arbeiten mit feinsten Kommunikationsmitteln.

Für alle Hilfen gibt es einen entscheidenden Grundsatz: immer mit minimalem Hilfeneinsatz beginnen. Bei Nichtaus-

In der Bodenarbeit...

...wird oft von Druck machen und Druck nehmen gesprochen. Simples Beispiel zu diesem Thema.

+ Soll Ihnen ein Pferd ausweichen und Sie stupsen es mit dem Finger an, machen Sie ihm im wahrsten Sinne des Wortes Druck.

+ Sobald das Pferd einen Schritt in die von Ihnen gewünschte Richtung geht, dürfen Sie es auf keinen Fall mehr weiter stupsen.

+ Das Pferd assoziiert so: Reiter stupst mich an, ich soll weichen. O.k. ich mach das. Reiter hört auf zu stupsen. War wohl richtig gedacht von mir. Mach ich nächstes Mal schon, wenn er nur den Finger ausstreckt.

+ Wenn Sie weiter gestupst hätten, gäbe es ja gar keinen Lerneffekt beim Pferd. Es würde unsicher, vielleicht sogar rebellisch, weil es nicht wissen kann, dass es schon längst getan hat, was Sie wünschen.

1

führung einer Forderung die jeweilige Hilfe verstärken. Reicht auch das nicht aus, eventuell eine weitere, andere Hilfe dazunehmen.

Bei gewünschter Reaktion sofort die entsprechenden Maßnahmen einstellen und dem Pferd durch Aussetzen der Hilfengebung ein positives Feedback geben: »Richtig gemacht, genau das wollte ich von dir, Pferd.«

Man kann in der Zusammenarbeit mit lebendigen Wesen kein starres Schema vorgeben, doch es gibt Grundrichtlinien, die Sie lernen und üben können.

Natürlich müssen Sie beim Reiten nicht nur Ihren Körper, sondern auch Ihre Stimme im Griff haben. Völlig fehl am Platz im Umgang mit dem Pferd sind verbale Wutausbrüche. Richtig dagegen sind gezielt scharf und warnend lauter werdend gesprochene Worte, die dem Pferd signalisieren, dass es Ihnen jetzt ernst ist mit Ihrem Vorhaben.

Verwenden Sie zum Auffordern und Aufmerksammachen immer helle, kurze, knapp gesprochene Laute. Zur beruhigenden, verhaltenden Wirkung Ihrer Stimme wählen Sie eine lang gezogene, dunkle Stimmlage.

Beim Longieren zum Antreten also Scheritt, Terrab oder Galopp, mit Betonung auf den hinteren Silben. Wenn Sie die Gangart wieder reduzieren wollen, sagen Sie beruhigend: Scheeeeeritt oder Teeeeeeerabb. Betonung auf den ersten Silben. Ein zusätzliches, dunkles:

Hoohooo, hoooola! kann den Effekt noch verstärken.

Zum gezielten Gebrauch der Stimme gehört auch eine freie und gleichmäßige Atmung. Nicht umsonst stockt einem manchmal dieselbe, und man bringt kein gescheites Wort mehr heraus.

Lernen Sie beides, Atmung und Stimme, gezielt einzusetzen. Beim Luftanhalten merken Sie gleich, wie sich Ihr gesamter Körper spannt, ebenso spüren Sie die Entspannung beim Ausatmen. Gute Hilfsmittel zum Erlernen der richtigen Atmung sind Elemente des Autogenen-Trainings oder der Feldenkrais-Arbeit.

Die Feinabstimmung, die richtige Dosierung all der Hilfen, die uns für die Kommunikation mit dem Pferd zur Verfügung stehen, ist trainierbar. Sie müssen nur oft genug Gebrauch davon machen. Fangen Sie doch ein »Gespräch« mit einem Pferd an, wenn Sie mal zum Zugucken in einem anderen Reitstall sind oder in ähnlicher Situation.

Und wenn Sie jetzt denken: »Das lerne ich nie«, möchte ich Ihnen mit Konfuzius antworten: »Der Weg ist das Ziel«.

....

1 *Keine Angst, Große Maus, ist ja nur ein Fisch!*
2 *Manche Pferde machen auf Stimmkommandos sogar Kunststücke wie den »Spanischen Schritt«.*

....

Wohl an, aufs Pferd

Longestunden mit
Sattel

Heute gilt's: Longenstunden mit Sattel, die schon ganz nah an die Reitsituation herankommen stehen auf dem Programm.

Sie lernen, Ihr Pferd selbstständig anzutreiben und entsprechend wieder durchzuparieren. Ihr Pferd ist mit einer Trense und Zügeln gerüstet und bei bestimmten Übungen dürfen Sie diese auch benutzen, natürlich vorsichtig. Daneben werden Sie Sitzübungen machen, die Sie für die ersten längeren Reitsituationen vorbereiten. Ihr Pferd wird vom Ausbilder sicher an der Longe geführt.

Verflixt noch mal, wo ist das Gaspedal?

Um nun überhaupt aus dem Halten im Schritt anzureiten tun Sie Folgendes:

– Sie kippen im Becken ab, schieben also die Hüfte vor, gleichzeitig geben Sie mit beiden treibenden Schenkeln am Gurt das Signal »losgehen« – in feinster Ausführung natürlich. Die ganz Schlauen haben heimlich und leise »Scheritt« geflüstert.

– Nicht vergessen, die Handbremse zu lösen. Hatten Sie Verbindung zum Maul, müssen Sie beim Antreten des Pferdes nun Ihre Finger leicht öffnen, damit das Pferd versteht – aha, es geht vorwärts.

– Hätten Sie in diesem Fall die Türe nach vorne zugemacht – also die Verbindung nicht gelockert –, so wäre Ihr Pferd eventuell rückwärts getreten, da es die Hilfenkombination von vortreibendem Schenkel gegen anstehende Hand als gewünschtes Rückwärtsrichten hätte auffassen können.

Ist Ihr Pferd nun im Schritt, könnte es passieren, dass es anfängt zu bummeln. Wir wollen aber den fleißigen Takt erhalten. Was tun? Sie treiben wechselseitig mit Ihren Schenkeln immer dann, wenn sich das Pferd quasi die Hilfe selber holt, für Sie fühlbar, als ob ein Schenkel stärker am Pferdebauch liegt. In diesem Moment fußt auch der Hinterfuß ab. Wenn Sie genau diesen Augenblick erwischen, veranlassen Sie das Pferd durch ihre Hilfen zu energischerem Abfußen und deut-

Erst noch mal nachgurten, bevor es losgeht.

Step ^{by} Step

Praxistest

1 Breiten Sie die Arme aus und fangen Sie mit Hüftkreisel-
übungen an. Schwingen Sie mit beiden Armen weit aus-
holend erst in die eine und dann in die andere Richtung.

Der Kopf wird immer in Richtung Drehung mitgenommen.
Ihr Po bleibt fest im Sattel sitzen.

2 Dehnen Sie Ihre Rückenmuskulatur, indem Sie mit der
linken Hand versuchen, Ihre rechte Zehenspitze zu erreichen und umgekehrt. So lernen Sie, Ihre Knie bei Bedarf
fest am Sattel und Ihr Gleichgewicht zu halten.

Nehmen sie dabei auf keinen Fall Ihren Kopf zu tief herunter, sonst erwischt Sie die natürliche Erdanziehungskraft.

3 Jetzt dehnen wir noch ein wenig Ihre Oberschenkelmuskulatur. Sie fassen mit der rechten Hand das rechte Fußgelenk und heben es so hoch wie möglich, ohne das Knie dabei zu verschieben, es bleibt an den Sattelpauschen.

Gleiche Übung auf der linken Seite und wenn Sie Mut gefasst haben, auch beidseitig. Jede der Übungen sollte ein
paar Mal wiederholt werden. Vergessen Sie bitte nicht, bei
allen Übungen frei und regelmäßig zu atmen.

Info

+ Vielerorts wird gelehrt, dass man jeden Schritt, jeden Tritt und jeden Galoppsprung heraustreiben muss. Ich halte das für wenig sinnvoll, denn es hat eine Desensibilisierung auf den Schenkel zur Folge.

+ Wesentlich mehr Sinn macht es, einen deutlichen Impuls zu geben und bei korrekter Ausführung diesen zu beenden, bis etwas Neues ansteht oder das Erreichte nicht mehr den gewünschten Effekt hat.

licherem Untertreten. Das Pferd tritt nun vermehrt unter seinen Schwerpunkt und beginnt, mehr Last mit der Hinterhand statt mit der Vorhand aufzunehmen. Damit wären Sie dann schon ein gutes Stück in Richtung Gesunderhaltung des Pferdes weitergekommen.

Bitte benutzen Sie Ihre Schenkel nicht pausenlos und schon gar nicht planlos. Ist das Pferd wieder im gewünschten Takt, ruht Ihr Schenkel locker am Bauch. Ändert sich der Takt oder der Ausdruck des Schrittes, treiben Sie wieder.

Grundsätzlich sollten Sie sich bemühen, ein Gespür für das jeweilige von Ihnen gerittene Pferd zu entwickeln. Wenn Sie genug Einfühlungsvermögen haben, wird es Ihnen schnell sagen, auf welche Hilfendosierung es am besten anspricht. Wobei wir wieder bei einem Teilziel der ganzen Reiterei wären, nämlich der Minimierung der Hilfen.

Das Anreiten im Schritt hat ja nun prima geklappt. Damit Sie lockerer werden und auch, um Ihr Balancegefühl zu trainieren, machen wir ein paar Gymnastikübungen. Legen Sie ruhig die Zügel auf den Hals des Pferdes, im Moment brauchen Sie diese nicht.

Und wo ist die Bremse?

Sie sollen nun Anhalten. Jetzt können Sie endlich auch die von Ihnen schon so lange eingeübte Atmung anwenden. Benutzen Sie ruhig Ihr gesamtes Hilfenrepertoire. Fangen Sie immer mit der geringsten Dosierung an.

Da Sie ja schon beim Anreiten so pfiffig waren, Ihre Stimme einzusetzen, können Sie es nun auch mit einem leisen »Haalt« probieren. Allerdings sollen Sie als Reitanfänger mit allen Varianten vertraut gemacht werden. Also, reiten Sie bitte wieder im Schritt an, wir üben erneut und verwenden diesmal den Sitz und die Atmung zum Halten. Richten Sie sich vermehrt auf und sitzen ein ganz klein wenig mehr im Sattel ein, gleichzeitig atmen Sie bewusst tief und lang aus. Ihr Unterschenkel liegen ruhig und gleichmäßig am Pferd. Prima gemacht, es hält. Wieder anreiten, nochmals halten.

Versuchen Sie Ihr Pferd auf das einzustimmen, was Sie vorhaben. Wenn Sie bewusst vorher schon Ihre Atmung verlangsamen und Ihren Körper entspannen, wird es noch feiner auf Sie reagieren. Gut gemacht.

Ein Händchen für die richtige Zügelhaltung

Reiten Sie wieder an und nehmen Sie die Zügel auf. Sie halten die Zügel zwischen Ring- und kleinem Finger und stellen einen feinen, leichten Kontakt zum Pferdemaul her. Die Zügel sind gleichmäßig lang und nicht verdreht. Ihre Hände stehen ruhig über dem Widerrist des Pferdes, mit aufrecht getragenen Händen. Bemühen Sie sich bitte, weich der Nickbewegung des Pferdekopfes im Schritt zu folgen und Ihre Hände nicht starr werden zu lassen.

Mit Unterstützung durch Ihren Sitz und Ihre Atmung werden Sie nun die ersten Paraden, ein weiteres Wort für Zügelhilfen, geben. Wenn Sie sich für eine Stelle entschieden haben, an der Sie halten möchten, geben Sie aus Ihren unverkrampften Fingern heraus kleine Impulse über den Zügel an das Pferdemaul weiter. Da wir im Schritt, also einer langsamen Gangart unterwegs sind, werden diese Impulse in feinster Ausführung reichen, um zu halten. Also lediglich die Ringfinger zur Hand-innenfläche eindrehen. Reicht ein feiner Impuls nicht aus, versuchen Sie es mit mehreren aufeinander folgenden. Gut. Da Ihr Pferd durch die Halteübungen ohne Zügel schon sensibilisiert wurde, klappt es nun auch mit Trense und Gebiss-einwirkung hervorragend.

Sie als Anfänger können zur Schonung des Pferdemauls anfangs auch mit Lindel (siehe Seite 108) reiten, wenn die Pferde entsprechend ausgebildet wurden. Ihre Hand muss erst lernen, fein und gezielt einzuwirken und einen zügelunabhängigen Sitz müssen Sie erst üben.

Außerdem wird das dadurch erlangte Gespür für die Wichtigkeit von Gewichts- und Atmungshilfen Ihnen Ihr Reiterleben lang hilfreich sein.

....

Ein zufriedener Zeitgenosse!

....

Besser spät
als nie

+ Mit ca. 20 Jahren ritt ich das erste Mal während eines Camargue-Urlaubes. Seit meiner Kindheit hatte ich davon geträumt. Dann gab es eine lange Pause. Mit knapp 40 Jahren startete ich einen zweiten Versuch, auch im Urlaub in Ungarn, aber da ging's so hektisch zu.

+ Als meine Tochter Julia mit dem Reiten anfing, sah ich oft sehnsüchtig von der Bande aus zu. Als ein Kurs für Erwachsene angeboten wurde, meldete ich mich sofort an und habe es nicht bereut. Das ruhige Arbeiten in einer kleinen Gruppe lässt mich mittlerweile angstfrei mit dem Pferd umgehen, ich genieße den engen Kontakt und die zahlreichen unterschiedlichen Trainingsmöglichkeiten.

+ Auf meinem Nachttisch türmt sich mittlerweile Fachliteratur, denn es macht riesigen Spaß, sich mit dem Wesen Pferd intensiver zu befassen. Irgendwann möchte ich mal mit meiner Tochter ausreiten. Aber das hat noch Zeit. Übereilen bringt nichts.

Kerstin – 48 Jahre jung

Leichttraben – so leicht kann
Trab sein

»Endlich mal etwas ohne Mühe«, denken Sie? Weit gefehlt, obwohl diesmal nicht das Muskelspiel, sondern das Rhythmusgefühl im Vordergrund steht.

Doch durch das Ausbalancieren der Trabtritte im Entlastungssitz und im leichten Sitz haben Sie schon an Sicherheit gewonnen. Nun wird das Leichttraben nur noch ein Klacks sein. Wenn Sie und Ihr Körper locker bleiben und nicht allzu viel im Kringel herum denken, sondern sich auf den Bewegungsrhythmus konzentrieren, ist es auch gar nicht schwierig zu erlernen.

Richtig ausgeführtes Leichttraben schont den Pferderücken und erlaubt es speziell dem Reitanfänger, einfacher den Bewegungen des Pferdes zu folgen. Und gleichzeitig ermüden auch Sie selbst nicht so schnell.

....

Roland trabt leicht.

....

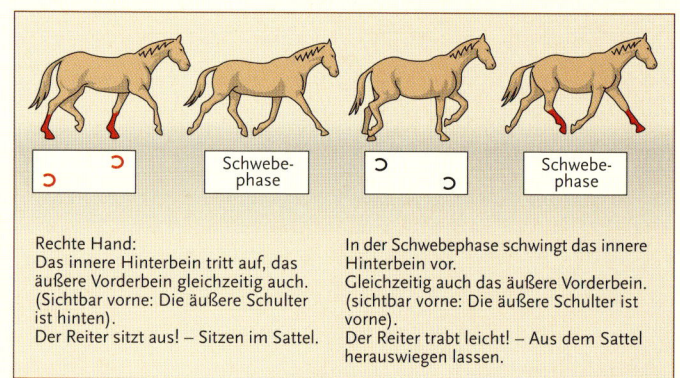

Rechte Hand:
Das innere Hinterbein tritt auf, das äußere Vorderbein gleichzeitig auch. (Sichtbar vorne: Die äußere Schulter ist hinten).
Der Reiter sitzt aus! – Sitzen im Sattel.

In der Schwebephase schwingt das innere Hinterbein vor.
Gleichzeitig auch das äußere Vorderbein. (sichtbar vorne: Die äußere Schulter ist vorne).
Der Reiter trabt leicht! – Aus dem Sattel herauswiegen lassen.

So geht's

Auf Ihre Knie und die Steigbügel gestützt lassen Sie sich vom Schwung des Pferdes bei jedem zweiten Trabtritt sanft aus dem Sattel heben und sitzen dann für einen Trabtritt wieder ein. Die Landung im Sattel sollte ebenso sanft erfolgen, sonst können Sie die Rückenschonung des Pferdes gleich mal streichen. Es kommt nicht darauf an, wie hoch Sie aufstehen, im Gegenteil. Es soll nur ein leichtes Herauswiegen werden. Der Bewegungsablauf Ihres speziellen Pferdes wird bestimmen, ob Sie wenig oder etwas mehr aus dem Sattel genommen werden. Wichtig ist, dass Sie mit nach vorn geschobenem Gesäß und ohne ein Hohlkreuz zu machen weich wieder in den Sattel einsitzen. Ihr Gewicht fangen Sie mit den Knien und durch Abfedern im Fußgelenk ab.

Für den Anfang ist es oft hilfreich, wenn Sie laut einen bestimmten Rhythmus mitzählen.

Das der Trab ein Zweitakt ist, wissen Sie ja schon: linkes diagonales Beinpaar, rechtes diagonales Beinpaar, linkes diagonales Beinpaar usw.

Würden Sie nun eine Stunde lang in dem gleichen Rhythmus weitertraben, belasteten Sie beim Einsitzen immer das gleiche Hinterbein des Pferdes. Das heißt, der Reiter muss gezielt den Rhythmus wechseln können. Auch das schaffen Sie: Sie bringen beim lauten Zählen eine Ungerade ins Spiel und vergessen einen Trabtritt lang, aus dem Sattel zu kommen. Etwa so:

eins – sitzen – umsitzen, Sie bleiben nun bei sitzen und umsitzen im Sattel und verlassen ihn wieder bei eins, dann zählen Sie wie gewohnt: eins – sitzen, eins – sitzen usw. Sie kommen immer dann wieder in den Sattel zurück, wenn gerade ein Hinterfuß des Pferdes auf dem Boden auftritt. Logischerweise müssen Sie als Reiter dafür sorgen, dass Ihr Pferd gleichmäßig be- und entlastet wird, sonst verstärken Sie den Negativaspekt der Händigkeit. Der Sinn des Umsitzens ist also nicht, Sie zu entnerven, sondern – wieder einmal und zu Recht – das Pferd zu schonen.

Regel für die Reitbahn

Bei der dressurmässigen Arbeit auf der Reitbahn gibt es die feste Regel: Getrabt wird auf dem inneren Hinterfuß. Nun haben Sie hinten keine Augen und vielleicht noch nicht das ganze Fußfolgen-Feeling entwickelt, aber da Sie die Erklärung

Tipp

+ Zählen Sie im Entlastungssitz erst mal laut mit: eins – sitzen, eins – sitzen, eins – sitzen. Wenn Sie den Rhythmus haben, konzentrieren Sie sich darauf bei – eins – aus dem Sattel zu kommen und bei – sitzen – wieder weich einzusitzen. Halten Sie das laute Zählen ruhig noch eine Weile bei, es hilft Ihnen, den Rhythmus zu halten.

Tipp

+ Wenn Sie später längere Strecken im Gelände traben, sollten Sie von Zeit zu Zeit immer mal wieder umsitzen, um auch hier eine gleichmäßig verteilte Arbeitslast für das Pferd zu erreichen.

der Grundgangarten so intensiv gelesen haben, wissen Sie, auf welches Bein Sie achten müssen, um den Rhythmus richtig zu erwischen: Wenn der innere Hinterfuß vorschwingt (was Sie nicht sehen und vielleicht noch nicht exakt fühlen können), ist gleichzeitig die äußere – diagonale – Schulter vorn (das können Sie gut sehen). Das ist der Moment, in dem Sie aus dem Sattel sind. Wenn dann der innere Hinterfuß auf dem Boden auftritt, ist die äußere Schulter auch hinten und das Vorderbein tritt ebenfalls auf. Das ist der Moment, in dem Sie im Sattel (an)sitzen. Wo innen und außen ist, wissen Sie spätestens nach dem Studium von Seite 118, und das Vorschwingen der äußeren Schulter des Pferdes ist optisch gut auszumachen.

Falls Sie noch Verständnisprobleme haben, schauen Sie sich nochmals die Zeichnungen der Trabfußfolge auf Seite 104 an, dann wird es Ihnen wahrscheinlich klarer.

So, für heute haben Sie aber genug geleistet. Jetzt parieren Sie ordnungsgemäß zum Schritt durch, loben Ihr Pferd ausgiebig – und Ihren Ausbilder ruhig auch mal –, denn beide müssen Nerven wie Drahtseile haben.

Wenn Ihr Pferd, nachdem Sie es versorgt haben, genüsslich sein Heu frisst, dürfen Sie sich auch mal ein Viertelstündchen am Reiter-Stammtisch gönnen. Schließlich können Sie ja jetzt schon richtig mitreden.

Endlich
frei

Freies Reiten steht jetzt auf dem Plan. Jetzt endlich gilt's.
Grundsätzlich sollte unser Ziel sein, durch feinste
Kommunikationsmittel eine harmonische Einheit mit
dem Pferd zu bilden. Da aber gerade Anfänger noch
Probleme mit der Zügelführung haben, werden wir dieser
ganz besondere Aufmerksamkeit widmen.

Mit Lindel üben

Bevor Sie aufs Pferd steigen, machen wir noch ein paar Trockenübungen.

Jeder aus Ihrer Gruppe soll nun einmal Pferd spielen und ein Gefühl dafür bekommen, wie ein Gebissstück wirken kann. Nein, keine Sorge, Sie brauchen nun nicht keuchend und ächzend durch die Reitbahn galoppieren, zwischen den Zähnen ein Stück Metall und auf dem Rücken Ihre Mitreiterin. Es reicht völlig aus, wenn Sie in der Rolle des Pferdes das Gebissstück in beide Hände nehmen. Ihr Teamkollege führt nun die Zügel und zieht leicht daran. Probieren Sie doch mal gegenseitig aus, welche über den Zügel übertragene Bewegungen in Ihren Händen ankommen. Sie werden alle erstaunt sein, wie deutlich manche ganz leichten Veränderungen spürbar sind.

Die Handmobilität verbessern

Durch diese Beobachtung sensibilisiert, wollen wir jetzt Ihre Handmobilität erst mal durch ein »Lindel«, eine gebisslose Zäumung, in die richtigen Bahnen lenken. Die Westernreiter

Was ist ein Lindel

+ Das Lindel ist aufgebaut wie ein Halfter, allerdings ist der Nasenriemen steif und rund. Die Zügel werden in eigens dafür angebrachte Ringe auf jeder Seite des Lindels verschnallt.

nennen diese Art von Zäumung Sidepull – frei übersetzt heißt das Seitenzieher. Klingt komisch, wirkt hervorragend: Ein Pferd, das in seiner Ausbildung am Boden gelernt hat, dem Halfterdruck zu weichen, wird sich ganz leicht mit einem Lindel reiten lassen.

Nehmen Sie den Zügel für eine Rechtswendung nun nach rechts zur Seite (nicht rückwärts ziehen!!), wird das Pferd auch seinen Kopf nach rechts nehmen. Es folgt dem Zug des rechten Zügels und weicht dem Druck auf der linken Nasenseite. Für Sie als Reitanfänger ist es bei den ersten Versuchen auf der Reitbahn eine tolle Übungsmöglichkeit, ohne das empfindliche Pferdemaul zu stören.

Sie können jetzt beim Reiten um Tonnen und durch das Zickzack, das Sie schon aus den Führübungen kennen, üben, ohne Führperson durch das Zusammenspiel der erlernten Hilfen von Gewicht, Schenkel und/oder Stimme Ihr Pferd ganz selbstständig buchstäblich von »Hü nach Hott« zu steuern. Sollte wirklich einmal einer der Pferdekandidaten schnurstracks auf den Ausgang zumarschieren, wenden Sie das Pferd einfach in eine starke Biegung ab.

Wieder mal ist Technik statt Muskeln gefragt. Sie können das Pferd stoppen, wenn Sie es aus dem Gleichgewicht bringen. Gehen Sie Ihr gesamtes Hilfenpotential durch – wetten, dass Sie es zehn Meter vor dem Tor geschafft haben!

Gefühlvolle Trensenhandhabung

Zur Zügelführung mit normaler Trense, also mit eingeschnalltem Gebissstück, sollte noch Folgendes bemerkt werden. Als Reitanfänger können Sie Ihre Bewegungen noch nicht sicher koordinieren und laufen deshalb manchmal ungewollt Gefahr,

Korrekt verschnallte gebisslose Zäumung – das »Lindel«.

unkontrolliert im Pferdemaul herumzurucken. Allerdings ist es auch nicht besonders sinnvoll, jedem Anfänger ständig ein schlechtes Gewissen einzureden, er dürfe seine Hände überhaupt nicht benutzen und müsse diese ausschließlich ruhig stehen lassen. Viele Anfänger bekommen durch diese permanenten Stillstandsanweisungen eine so starre Hand, dass sie überhaupt nie mehr in der Lage sind, diese jemals fein einzusetzen. Der Anfänger sollte durchaus

Tipps fürs
weitere Reiterleben

+ Wenn Sie das Pferd bei einer ungewollt schnelleren Gangart wieder zurückbekommen wollen, biegen Sie seinen Kopf und Hals auf die Seite und tun Sie dies durch deutliches Annehmen (aber nicht Zurückziehen!) nur eines Zügels.

+ Wenn ein Pferd in Panik rennt, ist es müßig, am Gebiss oder am Lindel zu ziehen. Die Kraft der Tiere ist um ein Vielfaches höher als das bisschen Ziehen, das Sie dagegensetzen wollen.

Immer gefragt:
Fingerfertigkeit

+ Auch beim Putzen des Pferdes können Sie die Dosierung Ihrer Fingerfertigkeit trainieren.

+ Werden Sie ein »Virtuose« mit dem Striegel. Kreisen Sie auf flächigen, großen Muskelpartien größer und stärker und an den knochigen Bereichen kleiner und sanfter.

+ Gestalten Sie die Übergänge zwischen stark und sanft ganz bewusst fließend. Nach einer solchen Massage wird Ihr Pferd Sie »auf Hufen« tragen! Sie lernen dabei, Ihre Handbewegungen nicht ins Stocken kommen zu lassen und das ist für das gefühlvolle Benutzen der Zügelverbindung zum Maul sehr wichtig.

mit seiner Handmobilität spielen dürfen, und zwar gezielt und unterstützt durch Anweisungen des Ausbilders. Wie soll er auch sonst dem Bewegungsfluss des Pferdes weich folgen können, wenn schon seine Hände und die Handgelenke und daraus resultierend dann auch noch die Schultern starr und steif werden. Nochmals ganz deutlich, dies ist kein Freibrief, den Pferden im Maul herumzufuhrwerken. Aber es ist eine Aufforderung, sich mehr Gedanken über die Schulung der Hand des Reiters zu machen.

Da Pferde und Menschen Lebewesen sind und jeder Körper eine ihm eigene Motorik hat, sollte man aber auf keinen Fall verleitet sein, eine Schablone auf alle Pferd/Reiter-Paare zu stülpen. Es gibt so viele diverse Stile und Methoden und wenn das jeweilige Paar mit diesen oder jenen unterschiedlichen Zügelhilfen glücklich und zufrieden ist – wunderbar. Lassen Sie Dogmatismus bitte gar nicht erst zu.

Abwechslungsreiches
Üben

Man lernt einfacher, wenn man ein Ziel unmittelbar ins Auge fassen kann. Das gilt für Reitanfänger ebenso wie für junge Pferde, denn so begreift man viel schneller, um was es geht und was gefragt ist.

Um es mal auf den Punkt zu bringen: Für den Reitanfänger ist es viel leichter, das korrekte Reiten einer Volte zu erlernen, wenn er dies um ein sichtbares Hindernis herum ausführen kann. Einen ganz bestimmten Durchmesser zu treffen, auf einer leer gefegten Reitbahn, kann für den Anfänger zur Sysiphus-Arbeit werden. Nun aber, um eine Tonne oder einen Kegel, wird für Sie – den Schüler – deutlich sichtbar, wenn die schöne runde Volte zum Osterei gerät.

Der Geschicklichkeitsparcours

Tonnen, Hütchen und Stangen – heute wird's bunt in der Reitbahn. Zahlreiche Hindernisse sind aufgebaut, allerdings sollen Sie nicht darüber springen, sondern zwischendurch reiten oder darum herum. »Wozu soll das denn gut sein?«, werden Sie jetzt fragen.

Ganz einfach:

– Beim Durchreiten des Tonnen-Slaloms können Sie wunderbar Gewichtsverlagerung, Schenkellage und Zügelhilfen üben. Ihr Reaktionsvermögen wird ebenfalls geschult, denn selbst wenn Sie nur im Schritt unterwegs sind, müssen Sie doch bei jeder Tonne reagieren und Ihr Pferd umstellen sowie selbst umsitzen.

– Beim Reiten durch die Stangengasse lernen Sie, bewusst gerade und bei gleichmäßiger Belastung beider Gesäßknochen zu sitzen und mit beiden Schenkeln und Zügeln steuernd genauestens darauf zuzureiten. Sitzen Sie schief, werden Sie nicht mal einfädeln können, denn Ihr Pferd läuft dann vorbei.

– Das Reiten über dieses »Mikado«-Stangen-Chaos ist schon wieder eine Vorbereitung für das Gelände und gibt Ihnen

Nicht so sehr zur Seite lehnen. Nur die jeweilige Pobacke mehr belasten!

1 *Steffi entlastet Funnys Rücken beim Überqueren
des Stangen-Mikado.*
2 *Roland mit ordentlich gebogener Schnecke!*

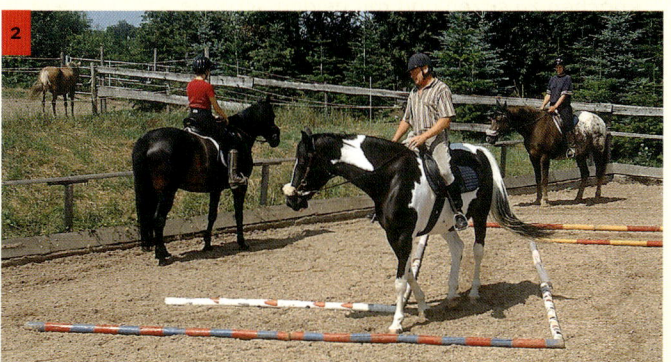

gleichzeitig die Möglichkeit, nochmals den Entlastungs-
und/oder leichten Sitz zu üben.
– Das Reiten durch das Zickzack lässt Sie und Ihr Pferd die
ersten gezielten Biegungen miteinander erarbeiten.

Spaß muss sein

Bei dieser Art von Arbeit herrscht bestimmt eine lustige, ge-
löste Atmosphäre auf dem Reitplatz. Sie lernen, sich spielerisch auf und mit dem Pferd zu bewegen und Ihre Angst haben
Sie dabei längst vergessen. Übrigens super, wie Sie soeben
durch Umlegen der Schenkel und Verlagern des Gewichts, fast
ohne Zügeleinwirkung, um die Tönnchen geritten sind. Spaß
beim Reiten muss doch nicht die fachliche Qualität der Aus-
führungen beeinträchtigen! Das eine schließt das andere überhaupt nicht aus. Wenn man etwas gerne macht, dann ist man
auch viel kreativer und gedanklich voll bei der Sache.
So, jetzt legen Sie mal eine kurze Pausenrunde am langen Zügel ein und schauen den anderen zu. Sehr souverän machen
Sie das schon, die erste Gruppenreitstunde ist jetzt nicht
mehr weit, aber so wie es aussieht, meistern Sie die locker.

Ein kooperativer
Partner

+ Bodenarbeit, Spaziergänge, Ausritte, kleine Sprüngchen
und gymnastizierende Dressurarbeit greifen nahtlos ineinander und befähigen das Pferd zu immer vielseitige-
rem Können.

+ Sein Mitdenken wird angeregt, wodurch es immer sen-
sibler und kooperativer wird.

Zwischendurch: der
Handpferdeausritt

Haben Sie Ihr Ziel vom Reiten in der freien Natur zwischenzeitlich aus dem Auge verloren? Bitte nicht verzweifeln!

Weil Sie so tapfer gelernt haben, dürfen Sie jetzt auch mal ins Gelände – zwar nicht auf eigene Faust, sondern auf einem Handpferd, das von Ihrem Ausbilder geführt wird.

Nur Fliegen ist schöner

Wie soll das nun genau vor sich gehen? Ganz einfach: Durch die geführten Spaziergänge wissen Sie nun schon eine ganze Menge über Verhaltensformen im Gelände. Die Handpferdeausritte werden dieses Wissen vertiefen und Sie Ihrem Ziel, einmal unbeschwert ausreiten zu gehen, wieder ein Stückchen näher bringen. Der Sinn des Führens Ihres Pferdes als Handpferd liegt in der Sicherheit, die sich hieraus für Sie ergibt. Sie können die Einwirkung der diversen Hilfen sowie das Verhalten im Gelände üben, sich voll auf Ihren Sitz konzentrieren und doch sind Sie nicht überfordert.
Sie und Ihr Pferd werden ja in dieser Situation von Ihrem Ausbilder doppelt gesichert. Er reitet neben Ihnen und hat eine Sicherungsleine in das Gebissstück Ihres Pferdes eingehängt. Da Ihr Ausbilder und die beiden Pferde sehr erfahren sind, können Sie sich aufgehoben fühlen und ganz entspannt diese ersten Ausreiterfahrungen genießen.

Mitdenken ist gefragt

Als Handpferdreiter im Gelände werden Sie sich üblicherweise auf der rechten Seite Ihres Ausbilders befinden. Damit sind Sie und Ihr Pferd als Verkehrsteilnehmer, beim Passieren von Straßen, zum Verkehr hin abgesichert. So macht man es auch bei der Ausbildung junger Pferde, noch ohne Reiter. Aber, Achtung, träumen dürfen Sie trotzdem nicht. Da auch

....

So gesichert hat man(n) beim Ausreiten keine Angst.

....

Ihr Ausbilder mal einem Fahrzeug Platz machen muss, könnten Sie in die Verlegenheit kommen, sich blitzschnell unter Baumästen bücken zu müssen, wenn Ihr Gespann an den Wiesenrand ausweichen muss. Das macht die Trainingseinheiten dann wieder echt spannend und Sie werden Ihren Reithelm lieben lernen.

Spaß beiseite, traumhaft ist es schon, so auszureiten und entspannen dürfen Sie sich gern, aber Sie sollen ja selbstständig reiten und einwirken üben, also müssen Sie auch mit allen Sinnen bei der Sache sein.

Zum Bücken unter Baumästen legen Sie sich, wie schon beim Turnen oft praktiziert, nach vorne, seitlich neben den Pferdhals. Tauchen Sie erst wieder auf, wenn Sie sicher sein können, dass Sie nicht doch ein Zweig im Gesicht erwischt.

Das von Ihnen gerittene Handpferd befindet sich mit seinem Kopf in etwa auf Höhe der Schulter des Führpferdes. Weiter nach vorne darf es nicht, und Sie als Reiter werden nun Ihr Wissen über die Hilfen einsetzen und entsprechend einwirken, um diese Position zu halten.

Aus dem Führtraining wissen Sie nun schon, dass diese Position eine bestimmte Rangfolge darstellt. So geben Sie als Reiter auch ganz klar vor, dass jetzt die Regeln von oben aus, durch Sie als Reiter bestimmt werden. Damit vermeiden Sie, dass Ihr Pferd aus Spaß an der Freude ein schönes Wettrennen mit dem Kollegen anfängt.

Auch im Gelände sollten Sie bemüht sein, in allen drei Gangarten einen regelmäßigen Takt mit einem an den Hilfen stehenden Pferd zu reiten. Das bedeutet, Ihr Pferd darf nicht plötzlich das Tempo selbstständig variieren und es muss auf Ihre Gewichts-, Schenkel-, Zügel- und Stimmhilfen reagieren. Genauso wie in der Reitbahn, eher sogar noch präziser, denn die Situation könnte es erfordern.

Ein bisschen davon entbunden sind Sie, wenn Sie besser reiten können. Dann dürfen Sie auch mal eine Bummelrunde am langen Zügel machen, oder einen flotten Galopp hinlegen, der Ihnen die (Freuden-)Tränen in die Augen treibt. Aber

Funny soll als Handpferd ein Stückchen hinter der Maus bleiben. Dabei kann Roland gleich mal die gelernten Reiterhilfen erproben.

speziell für den knackigen Galopp müssen Sie wirklich sicher und gut reiten können und Ihr Pferd in jeder Lage zu steuern wissen. So schön gesichert, in Ihrem Handpferde-Gespann, können Sie nun ganz locker über längere Strecken das Leichttraben üben. Sie werden sehen, wie herrlich das ist, wenn Sie eine ganze Zeit am Stück und vorwiegend geradeaus traben können. Nun finden Sie sicher den harmonischen Rhythmus und ganz toll wäre es, wenn Sie sich jetzt daran erinnern, dass Sie ja von Zeit zu Zeit mal umsitzen müssen, um das Pferd gleichmäßig zu be- und entlasten.

Sie können jederzeit Ihren Ausbilder fragen, wenn Sie unsicher sind, welche Hilfe Sie für die ein oder andere Situation geben müssen. Nach einer Weile werden Sie feststellen, wie das Pferd und Sie immer feiner abgestimmt aufeinander reagieren. Wow, Sie haben richtig Schmetterlinge im Bauch, denn nun dämmert Ihnen vage, was für Gefühle Sie noch erwarten, wenn Sie einmal weiter sind.

Ihr Ausbilder reißt Sie aus Ihren Gedanken: Sollen wir einen kleinen Galopp probieren? Au ja!!!

Vorbereitungen auf das
Geländе

Durch vorangegangene Handpferde-ausritte in Ihrem Mut bestärkt, werden Sie nun die ersten Versuche »ohne Netz und doppelten Boden« absolvieren.

Keine Sorge, Sie befinden sich dazu auf einer umzäunten Übungswiese. Schlimmstenfalls machen Sie dort Bekannt-schaft mit Mutter Erde. Sich davonstehlen, also einfach durchgehen, kann Ihr Pferd nicht, also entspannen Sie sich ruhig. Was wir nun üben, ist sozusagen die Generalprobe für einen zukünftigen Ausritt. Auf dieser Wiese befindet sich ein

Wall, ein Graben, diverse Baumstämme und andere Hinder-nisse. Sie müssen jetzt nicht an die Aachener Soers denken und das große Zittern bekommen. Diese Hindernisse müs-sen Sie nicht überspringen, sondern lediglich bewältigen. Fangen wir mit dem Wall an. Es macht einen gewal(l)tigen Unterschied, ob Sie ebenerdig auf dem flachen Land im Sattel sind, oder ob sich vor Ihnen eine steil abfallende Böschung auftut.

Nun müssen Sie wissen, was zu tun ist. Das können wir hier in aller Ruhe üben, damit bei einem Ausritt – wenn Sie vor be-sagter Böschung stehen – nicht der ganze Trupp wieder um-drehen muss, weil Sie Angst haben oder gar Sie und das

Roland in vorbildlicher Haltung beim Bergauf- sowie beim Bergabreiten.

Pferd zu Schaden kommen, da Sie nicht wissen, wie Sie sich verhalten sollen.

Jetzt zahlt es sich aus, dass Sie beim Üben des Entlastungs- und leichten Sitzes ein bisschen Muskelkater ertragen haben. Wie Sie es schon in der Reitbahn und sicher auch mittlerweile bei den Handpferdeausritten gelernt haben, verlegen Sie Ihr Gewicht in die Steigbügel und federn es mit den Fußgelenken ab. Beim Bergauf-, wie auch beim Bergabreiten neigen Sie Ihren Oberkörper, dem Grad der Steigung angemessen, nach vorn und entlasten den Pferderücken. Das Pferd braucht diese Rückenfreiheit, denn es muss nun mit den Hinterbeinen und der Rückenmuskulatur Ihrer beider Gewicht sicher ausbalanciert den Berg hinauf- oder hinunterbefördern. Sie dürfen keinesfalls versuchen, Ihr eigenes Gleichgewicht

mit klammernden Schenkeln zu halten. Dadurch würde das Pferd unkontrolliert vorwärtsgetrieben, und Sie könnten sich beide überschlagen. Die Zügel halten Sie ruhig in beiden Händen, gleichzeitig balancieren Sie sich, mit den Händen am Hals des Pferdes abgestützt, aus. Achten Sie darauf, dass Sie dem Pferd genügend Zügelfreiheit geben, denn es benutzt seinen Hals wie eine Balancierstange. Beim Bergabreiten ist zusätzlich zu beachten, dass ihr Pferd geradeaus heruntergeht, um nicht das Gleichgewicht zu verlieren. Auch das müssen Sie nun mit gezieltem Einsatz Ihrer Schenkel- und Zügelhilfen beeinflussen.

Spätestens jetzt wird Ihnen einleuchten, warum Sie in kleinen Schritten und mit viel Geduld gelernt haben und gelehrt wurden. Hilfengebung und Feinabstimmung in diesen Situationen zu entwickeln, das Wissen zu erlangen, warum das Pferd so oder so geritten werden muss und auch noch für alles das richtige Timing zu finden, ist in ein paar Longenstunden nicht möglich.

Da Ihnen diese Tatsache plötzlich ganz deutlich bewusst wird, lassen Sie sich bitte auch in Ihrem weiteren Reiterleben für alles Neue sehr viel Zeit. Das gilt im Übrigen auch für die Ausbildung der Pferde: Je geduldiger man ist, umso eher zeigen sich positive Ergebnisse.

Beim Überwinden von Baumstämmen, über die man noch darüber klettern kann, sollten Sie sich lieber mal auf Ihr Pferd verlassen. Das kann seine vier Beine besser sortieren, wenn Sie ihm nicht auch noch von oben dazwischenreden. Sind die

Tipp

+ Wer Pferde liebt, ist sicher auch sehr naturverbunden. Bitte achten Sie gerade deshalb auf das Naturschutzgesetz, wenn Sie wunderschöne Ausritte machen.

Genau deshalb üben wir ja diese Situationen; außerdem erleben Sie so unverhofft den ersten kleinen Hopser Ihres Reiterdaseins und ein bisschen stolz dürfen Sie danach natürlich auch sein. Ebenso wie über den Baumstämmen kann Ihrem Pferd auch bei kleinen Gräben plötzlich ein Sprung in den Sinn kommen. Sind Sie dann schon im Entlastungssitz, ist es einfacher, der Bewegung des Pferdes zu folgen. Wenn das Pferd bereits im Absprung begriffen ist, dann bemühen Sie sich zumindest die Zügel nach vorn frei zu geben, damit es nicht auch noch einen schmerzhaften Ruck ins Maul bekommt.

Sie können nun jederzeit den Sitz variieren. Das haben Sie bereits auf der Reitbahn gelernt, vom Entlastungssitz wechseln Sie ruckzuck in den leichten Sitz oder Sie gehen in den Normalsitz, wenn eine gemütliche Schrittpassage ansteht. Macht Spaß, Ihnen zuzugucken. Nicht weil es so lustig aussieht, sondern weil Sie echt was gelernt haben. Und es ist unheimlich schön, dass Sie sich nach jeder Übungsstunde so liebevoll um Ihr Pferd kümmern – mal ehrlich, ohne diese Zwiesprache würde Ihnen doch mittlerweile wirklich was fehlen, oder?

Baumstämme sehr niedrig, können Sie im Entlastungssitz bleiben, wird es etwas höher, machen Sie den Pferderücken ganz frei. Lassen Sie das Pferd ruhig am langen Zügel darüber steigen, sonst stören Sie nur. Das war jetzt kein Seitenhieb für Sie als Reitanfänger, sondern gilt auch für die schon Fortgeschrittenen.

Seien Sie aber immer auf einen plötzlichen Satz gefasst. Entweder stellt es mit einem Mal erschreckt fest: Huch, das ist ja doch recht hoch, da spring ich mal lieber. Oder es ist sich seiner Kraft bewusst und findet es öde einen Fuß nach dem anderen über diesen Baum zu heben. Dann könnte es sein, dass Sie raketenartig abheben, und wenn Sie nicht gleich reagieren und Ihre Knie zumachen, auch relativ unsanft wieder landen.

1 *Steffi balanciert sich sehr gut aus und stört Funny nicht beim Reiten über die Bäume.*
2 *Beide sind konzentriert bei der Sache.*

2

Das Etappenziel vor Augen

Sie haben nun ein wichtiges Ziel erreicht: Durch die breit gefächerte und langsam aufbauende Grundlagenarbeit sind Sie nun soweit, angstfrei am »normalen« Reitunterricht teilzunehmen.

Das solide Grundwissen befähigt Sie, in entsprechenden Situationen richtig zu reagieren. Ihre Kenntnisse bezüglich der Anatomie und der daraus resultierenden Reitweise zu Gesunderhaltung des Pferdes vertiefen sich ständig.

Mittlerweile haben Sie auch keine Angst mehr, die Kontrolle über das Pferd zu verlieren, denn Sie haben eine Ahnung davon bekommen, was schlimmstenfalls passieren könnte und auch, wie Sie es verhindern. Zwischendurch mal – geben Sie es ruhig zu – dachten Sie: Mensch, jetzt könnte aber endlich ein flotter Galopp eingebaut werden. Allerdings ist Ihnen auch bewusst geworden, dass falscher Ehrgeiz Ihnen und dem Pferd nur schaden kann. Denken Sie mal nach: Ihren Beruf haben Sie doch auch nicht von heute auf morgen erlernt. Sicher haben Sie eine längere Ausbildung hinter sich, die Sie erst so gut werden ließ, wie Sie es jetzt sind. Geben Sie doch auch Ihrem Hobby die Chance, sich langsam, aber kontinuierlich weiterzuentwickeln. Dadurch wird es auch nie langweilig, denn es gilt immer aufs Neue, Herausforderungen zu bestehen.

Exkurs: Innen und außen

Immer wieder werden Sie beim freien Reiten Anweisungen von Ihrem Ausbilder bekommen, in denen von innerem und äußerem Schenkel, innerem und äußerem Zügel die Rede ist. Viele Ihrer Reiterkollegen, die Ihnen um einige Jährchen voraus sind, können leider immer noch nicht genau definieren, wo denn nun innen und außen ist.

Sie werden das gleich am Anfang lernen und zwar nicht nur durch die Definition: Innen ist, wo der Reitlehrer steht, und außen ist die Bande! Das ist zwar bedingt richtig und in den

Kerstin freut sich schon sehr auf die Reitstunde.

In Ruhe wird besprochen, in welcher Reihenfolge man reitet.

in dieser Übung zwar links-herum unterwegs, aber nach rechts gestellt. Die verkürzte, also hohle Seite des Pferdes zeigt zur Bande. In diesem Fall nun ist, für den Zeitraum des Hohlmachens, die Bande die innere Seite (siehe Ab-bildung).

Muss in diesem entschei-denden Moment der Aus-bilder eine Zügelkorrektur für den Schüler ankündi-gen, kann er ja, um diesen nicht völlig zu verunsichern nun von linkem und rech-tem Zügel sprechen. Dann sollte er den Schüler mit-samt Pferd anhalten lassen und anhand dieser spe-ziellen Übung in Ruhe er-klären, was nun innen und was außen ist.

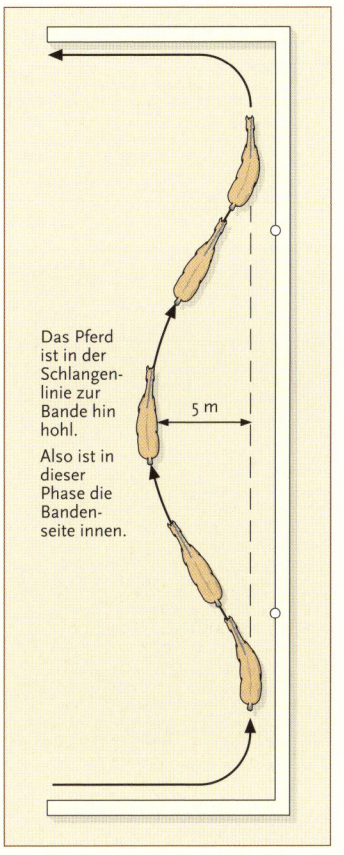

Das Pferd ist in der Schlangen-linie zur Bande hin hohl.
Also ist in dieser Phase die Banden-seite innen.

5 m

meisten Fällen zutreffend, aber eben doch nicht immer. Für Sie als Faustregel zum Merken gilt: Innen ist die Seite, zu der der Pferdehals gestellt wird, also die hohle Seite. Außen ist die gedehnte Seite des Pferdes.

Manche Übungen erfordern es aber, das Pferd entgegen der Bewegungsrichtung zu stellen.

Dann ist innen halt zur Bande hin. Macht doch nichts. Haupt-sache Sie haben das verstanden.

Innen ist immer die hohle Seite des Pferdes.

Es erfordert vom Ausbilder eine gewisse Flexibilität, selbst Reitanfängern dies anhand von Übungen aufzuzeigen. Neh-men wir als recht simple Übung die einfache Schlangenlinie. Wir reiten auf der linken Hand, also rechts ist die Bande – bis jetzt ist das außen. Um auf die gebogene Linie in das Bahnin-nere zu steuern, müssen Sie Ihr Pferd umstellen. Nun ist es

Die erste Gruppenstunde

Die Gruppenstunde heute wird ebenfalls in Ruhe abgehalten wie alle Unterrichtseinheiten bisher. Eine erfahrene Reiterin setzt sich an die Spitze der Gruppe, um es Ihnen zu erleich-tern, ein konstantes Tempo zu halten. Sie werden etliche Trabrunden drehen, aber der Galopp, von Ihnen allein geritt-ten, bleibt Ihnen in dieser Form noch eine kleine Weile ver-sagt. Genießen Sie derweil die Galoppaden als Reiter-Hand-pferd-Paar, ebenso wie die flotten Runden im Galopp an der Longe und beim Voltigieren.

noch etwas ängstlichen Reitanfängern, wirkliche Horse(wo)man werden, die sich Ihrer großen Verantwortung dem Partner Pferd gegenüber bewusst sind.

Wenn dann beide, Reitschüler und Pferd, mit viel Freude bei der Arbeit sind und die Ergebnisse sich sehen lassen können, dann hat sich die Mühe, die Geduld und das strapazierte Nervenkostüm wirklich ausgezahlt.

Ein Wort zum Schluss: Lassen Sie sich nirgendwo auf Kosten der Pferde ein X für ein U vormachen! Bleiben Sie ein fröhlicher Reiter. Der Weg, den Sie eingeschlagen haben, führt Sie viel weiter, als Sie es bisher dachten. Sie werden nicht nur ein guter Reiter, sondern auch einer, dessen Freund jedes Pferd gerne wäre – und darauf dürfen Sie stolz sein, denn Pferde verstellen sich nicht!

Ein Traum wird wahr!

Auch wenn Sie mit dem Pferd in einer üblichen Reitsituation schon gut zurecht kommen, schaden zwischendurch eingeschobene Sitzkorrekturen an der Longe nie. Außerdem machen das Voltigieren und die Handpferdeausritte Ihnen ja auch riesigen Spaß.

Es gibt einem Ausbilder ein beruflich so motivierendes Feedback, wenn er miterleben darf, wie aus interessierten, aber

Schon gemerkt?

+ Ist Ihnen eigentlich mal aufgefallen, dass bei so vielen Sportarten der Spaß-Faktor ganz oben steht? Nur beim Reiten wird leider oft vermittelt, dass man zum Lachen lieber in den Keller gehen sollte. Viele Ausbilder arbeiten immer noch nach der Devise: Nicht die ganze Stunde gebrüllt, ist schon reichlich gelobt.

...(M)ein Wunsch für die Zukunft

Reiten besteht nicht nur aus technischem Können und Körpergefühl. Unzählige Faktoren entscheiden darüber, ob Sie eine gute oder schlechte Kooperation mit dem Pferd eingehen.

Denken Sie an die Glücksmomente, die Sie schon auf dem Pferdrücken erleben durften und gönnen Sie im Gegenzug den Pferden eine ihrer Art gerecht werdende Haltung und Umgangsform, damit auch diese ein glückliches Leben an unserer Seite führen können.

Natürlich sind diese Buchseiten begrenzt und ich kann Ihnen nicht alles über dieses Thema nahe bringen. Wenn es mir nur gelungen ist, wenigstens einigen von Ihnen einen guten Start und die nötigen Denkanstöße zu geben, um die Basis für ein harmonisches Zusammensein mit dem Partner Pferd zu schaffen, bin ich schon dankbar.

Der Umgang mit dem Pferd kann unser Leben unvergleichlich bereichern. Wir werden daran wachsen, mit einem andersartigen Lebewesen kommunizieren zu können. Pferde können uns echte Freunde sein und darüber hinaus unseren Freundeskreis vergrößern. Dieses große Geschenk sollte es wert sein, dass wir uns unserer Verantwortung den Tieren gegenüber wirklich bewusst sind.

anmerkung

+ Bitte stellen Sie Ihren sportlichen Ehrgeiz niemals über das Wohlergehen des Pferdes.
Letztendlich bekommt das auch Ihnen nicht!

Quo vadis, Reiter?

Wohin wird Sie Ihr weiterer Weg mit dem Pferd führen? Zu den Sport- oder Freizeitreitern? Im Grunde erübrigt sich diese Frage, denn die Grenzen zwischen beiden Lagern verwischen sich immer mehr. Das ist auch gut so, denn beide Fraktionen können voneinander profitieren. Um es auf den Punkt zu bringen: Sportlich ist Reiten allemal, und die meisten Menschen betreiben es in ihrer Freizeit.

Wo liegt also der Unterschied? Leider zum Teil auch heute noch in der fehlenden gegenseitigen Wertschätzung. Und das ist sehr schade, denn auch Toleranz gehört zu den positiven Eigenschaften, die jeder Mensch – zumindest in Maßen – haben sollte. Sportreiter sind nicht nur – wie so oft von den Freizeitreitern bemängelt wird – Pferde rück-

sichtslos ausnutzende, ehrgeizige Egoisten, die vor allem sich selbst in Szene setzen wollen. Freizeitreiter sind auf der anderen Seite ebenfalls nicht nur auf schmuddeligen Pferden ziellos in der Pampa herumgurkende Ignoranten.

Im Grunde genommen liegen beide gar nicht mehr so weit auseinander: Immer mehr Sportreiter besinnen sich auf die Bedürfnisse des Pferdes und verändern sowohl Haltungsform wie reiterliche Verhaltensmuster, und unter den Freizeitreitern gibt es immer mehr Vertreter, die an einer guter Gymnastizierung des Pferdes interessiert sind und oft profundere Kenntnis der klassischen Reitlehre besitzen als manche Reitausbilder.

Es spricht auch nichts dagegen, das artgerecht gehaltene und gut gerittene Pferd anlässlich von Wettkämpfen vorzustellen und sich dann über ein Schleifchen zu freuen. Ebenso wenig ist dagegen einzuwenden, abends ein halbes Stündchen mit dem noch etwas koppelmatschigen Pferd im Travers über die Reitbahn zu schweben.

Nutzen Sie Ihre Freizeit für einen sportlichen Galopp oder was auch immer Sie selbst anstreben. Tun Sie es auf jeden Fall so, dass es allen Beteiligten Freude macht – sogar dem Betrachter.

Vielen Dank

an alle zwei- und vierbeinigen Freunde, die unermüdlich eifrig beim Fotoshooting mitgemacht haben, und ebenso denen, die so freundlich waren, einen kleinen Fachbeitrag zu liefern. Ein ganz lieber Dank an alle Verlagsmitarbeiter(innen), die stets freundlich und geduldig die Entstehung meines Buches unterstützt haben. Hier möchte ich insbesondere meine Lektorin Christa Klus-Neufanger erwähnen, die mit Fachkompetenz und viel Herz half, meine Gedanken zu sortieren. Mein größter Dank jedoch gilt all den Pferden, die – obwohl unserer Sprache nicht mächtig – mich so vieles im Leben gelehrt haben.

Fachbeiträge von:
Eva-Maria Chiumento – Trainer-B-Reiten/Tierpsychologin/ NLP-Trainerin
Sabine Nakelski – Hufpflegerin (ang. Huftechnikerin GdHK)
Eva Rehm – Physiotherapeutin
Kalle Rehm – Pferdeosteopath (DIPO) und Physiotherapeut
Gabi Schreiber – Erzieherin (Dipl.Reit-Päd. SV-HPR)

Literatur-hinweise zum Weiterlesen:

Kerstin Diacont: Bodenarbeit mit Pferden, blv
Monika Krämer: Pferde erfolgreich motivieren, Kosmos
Monika Krämer, Jochen Schumacher: Reiten lernen mit allen Sinnen, Kosmos
Heike Lebherz: Sichtweisen – Positive Gedanken zu Mensch und Pferd, FN-Verlag
Marie-Luise v.d. Sode : Reiten nach M. Feldenkrais, Cadmos
Michael Strick: Denk-Sport-Reiten, FN-Verlag
Sally Swift: Reiten aus der Körpermitte, Müller-Rüschlikon
Mary Wanless: Zum Wohle des Pferdes, Müller-Rüschlikon

Adresse

Deutsches Kuratorium für Therapeutisches Reiten e. V.
Freiherr-von-Langen-Str. 13, 48231 Warendorf,
Telefon 02581 / 6362-0, E-Mail: dkthr@fn-dokr.de

Register

Bibliografische Information Der Deutschen Bibliothek

Die deutsche Bibliothek verzeichnet diese Publikation in der Deutschen Nationalbibliografie;
detaillierte bibliografische Daten sind im Internet über http://dnb.ddb.de abrufbar

BLV Verlagsgesellschaft mbH
München Wien Zürich
80797 München

© 2003 BLV Verlagsgesellschaft mbH,
München

Lektorat: Christa Klus-Neufanger
Herstellung: Angelika Tröger
Layoutkonzept: Sabine Fuchs
Einbandgestaltung: Katrin Niedermeier, München
Umschlagfotos: Studio Lebherz, Ofterdingen (Rainer Lebherz)
Grafiken: Jörg Maier
Satz: Uhl + Massopust, Aalen

Gedruckt auf chlorfrei gebleichtem Papier

Printed in Germany · ISBN 3-405-16480-X

Bildnachweis:
Alle Fotos des Innenteils Studio Lebherz, Ofterdingen (Rainer Lebherz)
außer S. 74 (oben), 75 (Bild 1–4) und 76 Studio Lebherz, Ofterdingen (Friedrich Gohde)

Spaß am Reiten – Freude am Pferd

Ausführliche Informationen erhalten Sie bei:

BLV Verlagsgesellschaft mbH • Postfach 40 03 20 • 80703 München
Tel. 089/1 27 05-0 • Fax 089/1 27 05-543 • http://www.blv.de

Im BLV Verlag finden Sie Bücher zu den Themen:
Garten und Zimmerpflanzen • Natur • Heimtiere • Jagd und Angeln • Pferde und Reiten • Sport und Fitness • Wandern und Alpinismus • Essen und Trinken

BLV Freizeitreiten
Kerstin Diacont
Reiten ohne Angst
Die Ursachen von Angst erkennen und verstehen; Übungen
zur Bewältigung der Angst –
am Boden und auf dem Pferd.

Gerhard Kapitzke
Das Pferd von A–Z
Die Neuausgabe – komplett
überarbeitet, aktualisiert,
erweitert und mit neuem Bild-
material ausgestattet: über
1000 Stichwörter rund ums
Pferd, z.B. zu Anatomie, Evolution, Verhaltensweisen, Haltung, Ausbildung, Gangarten,
Sattel, Zäumung, Reitsport aller
Disziplinen und vielem mehr.

BLV Freizeitreiten
Konrad Wallner
**Unfallverhütung
beim Reiten**
Unfällen beim Reiten und im
Umgang mit dem Pferd vor-
beugen – mit vielen Beispielen
aus der Praxis: Risiken vermeiden, richtiges Verhalten
in Problemfällen.

Jackie Budd
Pferde besser verstehen
Die Natur des Pferdes besser
verstehen – Basis für eine gute
Beziehung zwischen Mensch
und Pferd: Instinktverhalten
und Evolution des Pferdes,
Charakterzüge und Verhaltensweisen, Lernverhalten, Intelli-
genz und Ausbildung.

Katharina von der Leyen
Charakter-Pferde
Alles für die richtige Auswahl: die Charakterbilder von
50 Pferderassen – brillant
beschrieben, pointenreich,
fesselnd, fundiert – mit Check-
liste zu jeder Rasse: Aussehen,
Verwendung, Haltung und
Eigenschaften.

BLV Sportpraxis Top
Selma Brandl
Richtig Reiten
Alles Wissenswerte – von
der Ausrüstung für Pferd und
Reiter über die erste Reit-
stunde bis zum Reiten im
Gelände – komprimiert, kom-
petent und leicht verständ-
lich vermittelt.

BLV Freizeitreiten
Renate Ettl
Sicher Geländereiten
Die reiterlichen Voraussetzun-
gen – solide Grundausbildung,
sicheres Reiten im Gelände,
richtiges Verhalten; besondere
Gefahrenstellen meistern:
der Umgang mit schwierigen
Situationen.

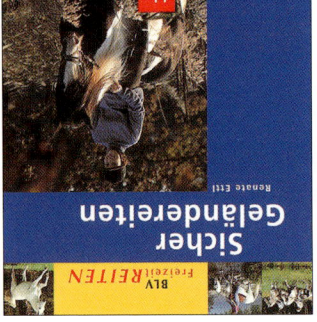